教育根植于爱

李镇西教育知行录

李镇西 著

中国教育三十人论坛丛书
Books of China Education 30 Forum

山西出版传媒集团
山西教育出版社

图书在版编目（CIP）数据

李镇西教育知行录 / 李镇西著. — 太原：山西教育出版社，2019.5

ISBN 978-7-5703-0300-7

Ⅰ. ①李… Ⅱ. ①李… Ⅲ. ①教育思想—研究—中国—现代 Ⅳ. ①G40－092.7

中国版本图书馆CIP数据核字(2018)第296678号

李镇西教育知行录

LIZHENXI JIAOYU ZHIXINGLU

李镇西 / 著

出 版 人　雷俊林
选题策划　潘　峰
责任编辑　祁　黎
复　　审　郭志强
终　　审　杨　文
装帧设计　薛　菲
印装监制　蔡　洁
出版发行　山西出版传媒集团・山西教育出版社
（地址：太原市水西门街馒头巷7号　电话：0351-4729801　邮编：030002）
印　　装　山西人民印刷有限责任公司
开　　本　787×1092　1/32
印　　张　10.625
字　　数　125千字
版　　次　2019年5月第1版　2019年5月山西第1次印刷
书　　号　ISBN 978-7-5703-0300-7
定　　价　38.00元

自序

我是怎么成为别人眼中的所谓“教育名人”的?

标题有些冒险。“冒”被人讥讽“狂妄自大”“自我感觉很好”之“险”。但事实就是这样，不知是从什么时候开始——也许是十多年前，也许是二十多年前，我的名字渐渐在越来越广的范围内让许多人眼熟，我有了一些追随者或者说叫“崇拜者”——那时候还没有“粉丝”这个词。

每当读着那么多素不相识的老师对我的崇高评价，每当我讲学时被许多老师簇拥着合影，尤其是近几年常常有一些不再年轻的老师对我说:“李老师，谢谢您！我是读着您的著作成长起来的!”坦率地说，我还是很开心的，或者干脆说是我的虚荣心得到了极大的满足。现在无论我怎样真诚地说“我只是一个普通的老师”，老师们也会认为我是“谦虚”或“故作谦虚”，因为客观上，我就是许多老师心目中的“教育名人”。

这的确是事实。因此，我忠于事实写下真诚的文字，无所畏惧。

但是，看着那些关于我的高大上的滚烫文字，我却隐隐不安：这写的是我吗？我真有这么完美吗？前不久，我在一位老师写我的文章后面评论道："谢谢您！但您写的不是我，而是写的一个和我同名同姓而且还同职业的人。您笔下的这个'李镇西'太值得我学习了！"

无论是老师们对我的"崇拜"，还是他们文中对我的赞誉，都是非常真诚的。但老师们"崇拜"和赞誉的依据仅仅是我的著作和我的报告。在这些著作和报告中，我所写所谈都是我的教育情感、教育思考和教育故事，这些当然是真实的，但毕竟是经过"过滤"的——"过滤"了我日常生活中的许多琐碎的喜怒哀乐，比如我有时"茶不思饭不想"的郁闷、"拍桌子打板凳"的烦躁、"灰溜溜"的沮丧和"气不打一处来"的恼羞成怒等。这些寻常生活中的"另一面"我是不可能写进书里或在讲座中说的。

我经常对我的"崇拜者"说："其实我和你们差不多。论实践，许多老师不比我差；论思考，许多老师不比我弱；论阅读，许多老师也不比我少。我可能仅仅比你们多写了一些文章，多出版了一些著作。如此而已。"是的，许多老师和我的差距，也许其实就是几本书的差距。

当然不是说我就没有一点"过人"之处，我更不会一味贬低自己。我对教育，第一，很纯粹很真诚，而且至今没变；第二，很专一很执着，同样至今未变；第三，有浪漫情怀，我一直把教育当做诗来写；第四，有儿童视角，我喜欢站在学生的角度看问题；第五，勤于思考，我细腻而敏锐，能够从一些琐碎的或者说人们司空见惯的地方思考一些问题；第六，乐于写作，再加上我笔头很快，于是我记录了许多原汁原味的“教育现场”。这些也许都算我的“过人”之处吧！

我的著作中有许多我刚参加工作时和学生的黑白照片，我做报告有时会播放三十年前学生的声音。这让很多老师感动和感慨。有人问我：“李老师，您是不是在从教之初就立志成为教育名人，所以那时候就有意识地积累资料，为今天著述讲学做准备?”我总是忍俊不禁地回答：“当然不是！那时候谁想得到啊?”相反，如果我一开始就按“成为名人”的目标来“设计”自己的“路线图”，那么我每走一步都要“算计”，我会怀着非常功利的心去上每一堂课，去带每一个班；我脑子里随时会盘算如何在某次课堂大赛中“一炮打响”，会随时琢磨如何通过班级管理“在全国率先创立”一个什么“教育模式”进而成为“中国什么什么教育第一人”……可以断言，如果那样，我走不到今天。因为我很可能早就因名利心而“栽”了。

事实上，到现在为止，我都还没形成自己的“教育思想体系”和“教育操作模式”。我也没有想过为中国教育提供什么“原创性”的理论或模式。但我一点儿都不觉得遗憾，更不自卑，至于有人说“其实李镇西的层次很低的，没有什么理论原创”，我一点儿不生气，人家说的就是事实嘛！我本来就从没想过要“超越”谁。三十多年来，我就想着自己如何将我所敬佩的中外教育家们的思想有机地运用到我的班级实践和课堂教学——如果做到了，我就满足了；如果还做得很好，那我这一辈子就很“了不起”了。

尽管如此，教育依然给了我丰厚的回报。我说的“回报”

还不只是指国家给我的各种荣誉称号，也不只是指我自己写的六七十本虽然肤浅却很真诚的教育著作，而是我和历届学生共同拥有的充满人性故事的温馨记忆——这是教育对我最重要最珍贵的“酬劳”。各种荣誉称号都是我从教之初没有想过的，因此它们对我来说就是额外的奖励，是意外的收获。当初没想过这些，所以就算我后来没有这些，我也不会失落，因为在教育的过程中我已经感到了幸福呀！但后来各种荣誉从天而降、纷至沓来，我也不会拒绝，给我我就接着，没什么不好意思的。我认为，刻意的拒绝和刻意的追求，都证明你太在意了。一切顺其自然。

从教三十多年，莫名其妙地成为了别人眼中的“教育名人”。回想自己走过的路，不由感慨：其实“名人”也好，“专家”也好，都是一种自然而然、瓜熟蒂落的结果，并不是功利般“孜孜以求”的“成果”。当我们怀着浮躁的心去计较每一个得失，过于在乎自己是不是“名师”，到头来可能什么都会失去——这叫“多情总被无情恼”。相反，什么都别去想，只要守住自己朴素的教育心，善待每一个日子，呵护每一个孩子，岁月总会给我们以丰厚的馈赠——这是“道是无晴（情）却有晴（情）”。

李镇西

目　录

一 『后进学生』的转化

用心灵赢得心灵，不只是教育的条件，更是教育本身：当我们自然而然地走进『后进学生』的心灵，而他们也乐于主动向我们敞开心扉时，我们的教育之舟便已驶入了成功的港湾。

爱，是教育的前提。但是，对“后进学生”来说，这种“爱”应该是真诚的。换句话说，教育者对“后进学生”的爱，决不应是为了追求某种教育效果而故作姿态的“平易近人”，而是教育者真诚的人道主义情怀的自然流露。

◇ 在课堂上和学生交流对话

长期与顽童们打交道的经历告诉我，即使是在某些教育者心目中“一无是处”“不可救药”的学生，其心灵深处或多或少也有着美好道德的萌芽，因此，对“后进学生”的成功转化，与其说是教师向他们“灌输”（即使是很巧妙的“灌输”），不如说是引导他们发现自己身上的善良之处、高尚之处，帮助他们树立“我是有缺点的一个好人”的道德自信。我经常与“后进学生”谈心的话题，便是让学生谈“我有什么优点”；如果某一“后进学生”因为长期受斥责而丧失了自我肯定的勇气和能力，我便让全班学生帮他找优点。注意，教师这样做，绝不仅仅是一种教育技巧，而首先是一种对“后进学生”由真诚热爱而产生的真诚信任。

必须指出，“后进学生”的“自我教育”很难一劳永逸，相反，这是一个长期的、充满反复的教育过程。教育者期望通过一次谈心、家访、班会或听英模报告，便使“后进学生”从此成为一名优秀生，无疑是把教育想得太简单了。“犯错——认错——改错——又犯错——又认错……”这是“后进学生”普遍存在的循环。教师因此斥责学生“屡教不改”“光说不做”“本性难移”等，是极不公正的。教育者应该容忍“后进生”的一次次“旧病复发”，与此同时，又继续充满热情和信心地鼓励学生一次次战胜自己，并引导学生从自己“犯错周期”的逐步延长或者错误程度的逐渐减轻的过程中，看到自己点点滴滴的进步，体验进步的快乐，进而增强继续进步的信心。

◇ 1982年，在乐山一中工作时和学生在郊外

◇ 1998年，在课堂上

学生心灵深处美好道德的萌芽，是学生自我教育的内在依据。但是，对“后进学生”而言，这些“萌芽”往往被各种缺点的“杂草”掩盖着。

三十多年的教育经历告诉我，真正有效的教育具有不可复制性。不但不可复制别人，也不可复制自己。无论我教好过多么顽劣的学生，其经验完全不可能百分之百地重复在我以后所遇到的新的“后进学生”身上。

◇ 1999年夏天，和学生摔跤

转化“后进生”所需要的大智慧，不只是“对付”他、“收拾”他、“搞定”他、“摆平”他、“制服”他、“打掉”他“嚣张气焰”的种种技巧、招数、妙计、“绝活儿”以及某些“立竿见影”和“急功近利”的“兵法”，而是饱含着情感、期待、信任、机智、鼓励、惩罚等因素在内的策略；这些策略的运用，不是教师的孤军奋战，而是伴随着良好班集体的建设、其他同学具体的温暖帮助、孩子家庭教育的改进与家长的积极参与，以及孩子内心深处“想做一个好人”欲望的唤醒和“战胜自己”意志的练成……这就是我说的“大智慧”。

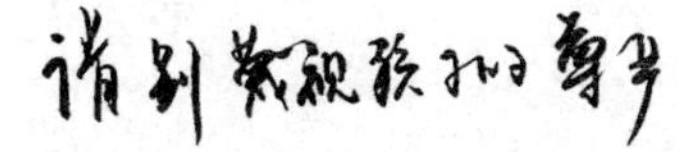

在我的心目中，只要你善良、正直、勤劳，你就是我最优秀也最令我自豪的学生！

一般善于转化“后进生”的教师都是善于研究的思考者，他们因此而成长最快。因为把难题当课题是最好的教育科研，而在班主任工作中，最大的难题莫过于转化“后进生”了。通过对“后进生”的观察、研究，我们对教育的认识会更加深刻，我们的教育智慧会更加丰富。在这个过程中，年轻教师想不成长都困难。

孩子的天赋和老师没关系，但人生的走向却和教育有直接的关系。

◇2004年在成都市盐道街外语学校时，和高一新生在学校草坪上

分数和名次是学生的隐私，应该受到保护。我们现在还难以做到将考试分数作为学生的隐私进行保密，但意识到“分数和名次应该是学生的隐私”则可以让教师的心中多一些对学生的尊重和理解，特别是对于“屡战屡败”的“差生”，我们会比过去多一些充满人情味的关爱。

教育培养出来的学生当然不一定都是杰出的“××家”，但是，无论今后是赫赫有名还是默默无闻，他们都将是素质全面、个性鲜明、勇于进取、乐于奉献的大写的人！从这个意义上讲，教育不但是“个性教育”，而且也是“自信教育”“赏识教育”“希望教育”“成功教育”……其字典上永远没有“差生”二字！在教育的原野上，每一粒种子都能破土发芽，每一株幼苗都能茁壮成长，每一朵鲜花都能自由绽放，每一个果实都能散发芬芳！

◇2013年秋天，和学生在校园

◇2009年，和学生一起做游戏

教育的良知告诉我们，所有孩子都需要优秀教师，“后进生”更需要优秀的教师。只有能转变和提升普通学生和“后进生”的老师才是真正的优秀老师。如果一个老师只能教优秀学生，那他就不是真正的优秀老师。

面对那些“屡教不改”的“后进学生”，我们不要老是在他犯了错误的时候才进行严厉的批评，也不要在他没有犯错误的时候找来说教一番。我们应该在平时日常生活中，自然而然地和他们一起玩儿、一起聊天。在更多的时候，我们要善于以朋友甚至是“哥们儿”的身份而不是以教师的身份与他们交往，至少要让孩子在某些时候忘记了我们是老师。

二 班级建设

我们所期待的充满真正集体主义气氛的班级，应该是每一个学生个性发展的良好环境。在这样的班集体中，需要统一的目标、严格的纪律，同样需要学生对集体利益的服从，但从某种意义上说，这些都不是目的而是手段，是为每个学生个性发展服务的。

日常人际关系中的“第一印象”是至关重要的。班集体建设也是如此。学生对新班级的最初印象将直接影响以后班风的形成。因此，对班主任来说，新集体的建设早在新生入学之前就开始了——他必须苦心酝酿着使新生迅速形成集体的计划，精心地为“导演”集体的“开场戏”而做各种准备，胸有成竹地迎接新集体的诞生。

创造良好的“第一印象”，就是不露痕迹地对学生进行集体主义的启蒙教育。新生们被编到某个班是毫无思想准备的，但在新生进校前，教师对班集体的建设却应有相当充分的思想准备。要使学生尽快对新集体产生感情和责任感，教师就必须在开学之前对未来的班集体产生感情和责任感。

班主任要善于创造出集体舆论，把自己对某一学生的关心、表扬和批评，转化为班集体对某一学生的关心、表扬和批评，那么，学生会真切地感受到集体的存在，感受到自己与集体融为一体，有不可分割的联系，因为自己的一言一行都影响着集体，同时也受到集体的注视：有了进步，他会赢得全班同学鼓励的掌声；犯了错误，他会感受到全班同学谴责的目光。因此，有智慧的教育者总是把自己的教育意愿以集体舆论的形式表达出来，通过集体去影响每个学生。

善于发现并最大限度地发挥平凡小事或重大挫折中的教育效益，善于变偶然现象为必然教育，仅仅靠教育者的责任心是不够的，更重要的是，教育者“明察秋毫”的教育敏感、“情不自禁”的教育本能和“化险为夷”的教育机智。做到了这些，教育者所期待的“最佳教育时机”就会随处可见，并且常常不期而至。

班主任老师完全可以在学生面前展示自己丰富的情感，包括必要时旗帜鲜明地表明自己的愤慨。我认为，班主任只要和学生建立了信任与情感，嬉笑怒骂皆成教育。要让学生知道，老师也是有爱憎的，爱憎之中本身也包含着教育。

我常常把由学生组成的班集体比作一条生命的河流。这条河，每天都在向前流淌。有时平缓舒展，有时急速湍急，有时汹涌浩荡，有时又曲折回旋……于是，孩子的一生便摇曳多姿或惊心动魄起来。那么，面对这条河，每一个教师是什么呢？有时候，教师是泳者，他在水中畅游，被水浸泡着、亲吻着、抚摸着，享受着水的清澈与清凉；有时候，教师是船夫，他被河水托着，悠然自得，欣赏着河面的浪花和两岸的风景；有时候，教师是漂流者，他驾驭并征服着汹涌的河水，劈波斩浪，一泻千里；有时候，教师还可能是清污者，清除水面的污染物，或者排除河底障碍——如果有必要甚至还可能引导河水改道……

◇ 1997 年秋天，和学生玩“老鹰捉小鸡”游戏

作为学校最基本的学生教育单位，班级当然应该在教育目标、教育思想、教育方针上同党和国家的要求保持一致，在教育内容、教育重点、教育计划上与学校的安排相协调，但这绝不意味着班主任的创造力受到了限制，更不意味着班级不应有自己的个性特色。在学校里或班级内，怎样在共性中发展个性，怎样通过个性达到共性，这恰恰最能体现出一个班主任的教育智慧和教育艺术。

通过班集体，学生能够以各种方式发现、发挥、发展自己独特的禀赋与才能。

在集体舆论健康的班级里，至少大多数学生的道德评价、是非判断与班主任是一致的。班主任也正因为如此而坦然自若地尊重学生的选举权。表面上看，教师对学生的选举“放任自流”，而实际上教师已通过平时的教育引导，不露痕迹地决定了学生的正确选择——教育者的理智与艺术正在于此。

一个班当然离不开班主任的个人权威，但这个人权威应该通过健康的舆论、班级法规转变为集体的意志，使班级由“我的（班主任个人）”变为“我们的（学生集体）”，这样，班级凝聚力才会形成，班主任的工作才会事半功倍。

带班最关键的是抓班风建设

◇1998年，课外给学生读《傅雷家书》

没有故事的教室，便如同没有色彩的花朵，没有树叶的森林，自然谈不上完美；没有传奇的教育，如同没有情节的电影，没有冲突的戏剧，当然谈不上幸福。任何一个普通教师，如果能够把平凡的故事变成一部不朽的传奇，他便成了一个伟大的导演！

每带完一个班，看着孩子们在知识、能力、人格等方面的进步，我会问自己：我有什么进步呢？我的教育智慧是否更加丰富？我的教育技能是否更加娴熟？我的教育情感是否更加充沛？我的教育思考是否更加深刻？我的教育良心是否更加纯净？我的教育视野是否更加开阔？等等。陪伴着孩子们成长，同时自己也在成长，才是真正的教育幸福。

每一个孩子都应该有机会当学生干部。学生的自我管理与自我服务，正蕴含着“自我教育”；同时，在一个集体中，绝大多数孩子都能拥有服务的权利与机会，这本身也体现了现代教育的精神。

运用班规治班

所谓“民主管理”，绝不仅仅是依靠几个班干部形成的，而是要引导学生制订出班级规范，以制度的形式来保证每一位学生都有参与班级管理的权利与义务，同时每一个人（包括班主任）都受到班集体的监督，换句话说，就是变成“以人（班主任）治班”为“以法（班级规范）治班”，使学生真正成为集体的主人。

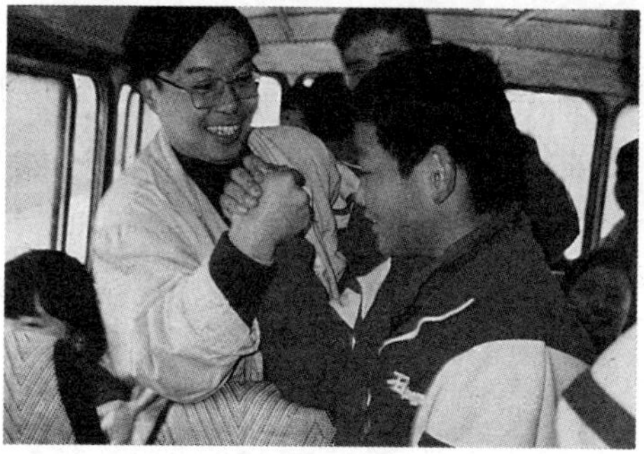

◇1998年春天，在郊游的大巴上

班主任工作最基本的方法，其实就两点：谈心与活动。“谈心”针对的是个人，“活动”面对的是班级；前者是个别引导，后者是集体教育。一定要把与学生谈心当作班主任工作的“常规武器”。不要只和犯了错误的学生谈心，而要和每一个学生谈心，倾听他们的心声，走近他们的心灵。“活动”不但能够培养学生的能力，还能让班级对学生有一种吸引力、一种魅力和凝聚力，为学生的未来留下难以磨灭的温馨记忆。

没有“活动”，就没有孩子们富有凝聚力的班集体，没有“活动”，就没有孩子们浪漫的少年时代，没有“活动”，就没有孩子们将来温馨的记忆！如果必须以取消活动为代价去换取所谓“更好的分数”的话，这种“分数”不要也罢！

对于一个有智慧的班主任来说，哪怕面对“事故”，他也能将其变成“故事”，这就是所谓“变坏事为好事”。我们的教育生活其实都很平凡，很普通，我这里说的“故事”，不是要你去编造，而是忠实于教育本身的复杂性、曲折性。每个孩子都是悬念，每一天都包含着不确定性。只要我们用心、用情，总会留下许多凝聚着我们情感、思想与智慧的教育故事。三年、五年、十年，无数的故事便构成我们导演的“青春大片”，或者说是属于我们自己的教育“史诗”！

一个班主任一定要让班级有故事，这故事中有学生的成长，也有教师的智慧。每一天平凡的小事，都可能成为教育的契机，也能够成为教育的奇迹。

班主任要明白，让自己的班级充满魅力的主要途径，就是让自己富有魅力。有爱，平易，博学，多才，幽默，敏锐，点子多，有感染力，会讲故事，善于走进孩子的心灵……这些都是班主任让孩子佩服的魅力所在，也是班级的魅力所在。

就一个班而言，我把班主任、任课老师看作是一个教育团队，而班主任无疑应该是这个团队的“精神领袖”。这里所说的“精神领袖”，指的是班主任应该有一个明确的教育理念和治班思想，并通过沟通，将自己的这些理念和思想转化为所有任课老师的共识，并尽可能落实在行动上。只有这样，一个班才可能成为真正的优秀班集体。所以，班主任和任课老师的关系，首先是一种志同道合的协作关系。

学生生活在班集体中，我们就应尽量使他们感受到集体对自己的关注与监督。有的教师一方面在语言上对学生强调“个人离不开集体”，另一方面在行动上却很少把自己的教育意识同学生集体舆论融合在一起，这样，学生无论受到表扬还是批评，都似乎只是老师个人对自己的评价，他感受不到集体舆论的存在，产生不了“同学们这样表扬我，我一定争取更大进步”或“我又犯错误了，真对不起集体”的思想感情，这样的学生是很难获得集体主义道德体验的。

◇2013年5月，在武侯实验中学的课堂上

应该说，有效的教育当然离不开班主任一系列的预想和事先准备——悉心地拟订教育计划，精心地构思教育方法，耐心地组织各种教育活动等，但这绝不意味着这一教育过程只是教师的“道德输出”与学生的“道德输入”。教育者在系统地实施自己预定的教育步骤的同时，还应敏锐地发现并细心扶持学生生活中一些平凡小事里所蕴含的善良萌芽，我们还要善于从学生的失误中，从班集体的挫折中挖掘其潜在的、积极的教育因素。

在一间教室里，围绕着一个个孩子，将会有多少故事发生啊！一桩桩，一件件，便汇成了一个班的“青春大片”——或扣人心弦，或催人泪下，或妙趣横生，或耐人寻味……主演是孩子，导演便是教师。

◇ 1985年秋天，和学生一起在岷江戏水

◇2005年春天，在郊游途中

当一位班主任在日常工作中一边实践、一边思考、一边写作（记录）时，他已经进入教育科研的状态了，而且这种研究带有鲜明的人文风格与个性化色彩。我认为，这是一线教师结合自己的实践进行教育科研的最佳方式。

◇1983年春天，和学生一起骑自行车郊游

对于班主任来说，运用“集体舆论”对全班学生进行教育，是一种艺术。集体舆论健康与否，关键在于教师是否善于引导。这里的“引导”绝非“说教”,而是“转化”——巧妙地将教师本人对某一学生、某一事件的褒贬转化为集体舆论对之的褒贬。

◇ 1984年，和学生在山坡上玩

“完美教室”当然是优秀班级。但是，二者相比，后者的“优秀”更多的是外在的标志：流动红旗呀，活动奖状呀，班级荣誉称号呀，等等；而前者的“完美”更多的是内在的感受：温馨，诗意，情趣，浪漫……也就是说，和一般的优秀班级相比，“完美教室”还多了一分文化的自觉追求，多了一分诗意的主动营造，多了一分浪漫的生活情趣，多了一分潇洒的心灵舒展……

◇ 1983年春天，和学生做游戏

二 家校合作

教育子女的过程也是家长自身成长的过程。换句话说，成功的家庭教育总是孩子和家长共同成长的教育和自我教育。

作为子女的养育者和监护人，一般来讲，家长在文化素质、社会阅历、生活经验、道德水平等方面都在子女之上，子女虚心接受家长的教诲不仅应该而且必要；而且孝顺父母、尊敬长辈也是子女应该具备的起码的道德观念和行为。但是，这绝不意味着家长就能居高临下地管教孩子，更不意味着家长理所当然地是真理的垄断者。提高自身素质的尝试，请从改善家庭教育开始。

家访有利于教师和家长的心灵沟通。坐在学生家里同其父母如朋友般地促膝而谈，与在电话里三言两语地对话相比，当中的心理体验是完全不一样的。前者是面对面的心灵交流，而后者只是例行公事般的情况通报。大家都说学校教育需要家庭配合，在我看来，这种配合不只是让家长每天在学生作业本上签字，而更多的是让家长从感情上贴近学校，从心灵深处理解老师。离开了家访，这一切显然是很难达到的。

家访能让班主任切身感受到学生的成长环境。如果说家长是孩子的第一任“老师”，那么，家庭就自然是孩子成长的“第一摇篮”了。了解学生家长的文化修养素质、家庭经济状况、家庭人文气氛等，将有助于教师在教育过程中真正理解学生，进而让教育真正做到“一把钥匙开一把锁”。

◇ 1993年在玉林中学工作时，请学生到家里做客

我经常跟学生父母说："家长也是教育者！"作为教育者的家长，他会随时注意自己的一言一行，尽可能从人格上成为孩子的榜样，以无声的形象去感染孩子的心灵；作为教育者的家长，他将不会把孩子视为自己的"私产"，而将孩子看成是祖国的未来，这样，他对孩子的期待就不仅仅是"出人头地""光宗耀祖"，而是用社会发展与时代进步的要求去设计孩子的成长和未来；作为教育者的家长，他一定会全力支持学校教育改革和老师的工作；作为教育者的家长，他会以教育者的眼光（而不仅仅是父母的眼光）去打量、关注孩子，去研究孩子每一天的细小变化，并和孩子一起成长；作为教育者的家长，他会尊重孩子的精神世界，按照孩子的个性引导其成长，使之最终成为最好的而又独一无二的"我"……

对学校寄予厚望的家长来说，首先应该把这“厚望”还给自己，因为你对孩子的教育有多么成功，你的孩子就会有多么优秀。在决定孩子成才的因素中，学校教育永远是第二位的。学校教育当然重要，但无论多么重要，它只是家庭教育的重要补充。

◇2006年，在西安参加《做最好的家长》签售活动

人格，是无声却有效的教育。如果千千万万的父母，都能够以自己的言行去感染孩子，让孩子在点点滴滴中学会做人、富有教养，这就是最好的家庭教育。

家访体现了教育者对学生真诚的关怀。对于一个优秀的班主任来说，他之所以决定去某个学生家家访，首先不是因为这个学生没交作业或与同学打架了，而是因为这个学生可能需要教育者的特别关怀：比如他是下岗职工的子女，比如他生病躺在家里已经好几天了……当班主任叩开学生家的大门时，面对突然到来的老师，学生和其家长所感受到的将是一种别样的温馨，而这种温馨显然是电话无法传递的。

尊重孩子的选择与让孩子尊重家长的选择是不矛盾的。在充满民主气氛的家庭中，尊重是相互的。家长不把自己的意志强加给孩子，会充分理解并善于听取孩子的合理主张，这实际是为孩子树立了一个尊重他人意见的榜样。在这样的家庭里，每个人都有发表不同观点并做出自己选择的权利，同时，每个人也有尊重他人并服从正确观点的义务。权威不属于年龄和辈分，只属于真理。这样的家庭培养出的孩子，将来很容易成长为善于正确处理好个人与集体、自由与纪律、权利与义务等对立统一关系的现代公民。

相对无视子女尊严、扼杀子女个性的“专制型家教”而言，“民主型家教”主张尊重孩子心灵、符合孩子个性的教育。这恰恰是一种因势利导、因材施教的引导。在这样的家庭教育中，家长已淡化了他的权威色彩，却通过不露痕迹地引导强化了他的教育作用。

家庭教育培养的是具有独立人格、平等意识、拼搏精神和创造能力的现代公民。而一味迎合子女愿望，满足子女私欲的做法，绝不是对孩子真正的尊重，更不是我们提倡的民主教育。

◇ 1982年11月，和学生在岷江戏水

我看到有些家长这样教育孩子："既然他欺负了你，你为什么不打他？你的手是干什么的？"如果用仇恨培养仇恨，只能使我们周围的爱和宽容越来越少。我们应该从自己的孩子开始，培养爱和善良。我认为儿童的天性就是善良。因此，所谓培养孩子的善良，其实就是让孩子保持其心灵中本来就存在的爱心，包括宽容。

孩子的成长，离不开良好的家庭教育

我们应该通过点点滴滴的小事引导孩子关心他人。“人之初，性本善”，孩子往往通过一些小事自然而然地表现出一种可贵的纯真，这种纯真出自无意识的本性或者说本能。我们则要抓住这些小事对孩子进行及时的表扬和鼓励。哪怕是一句夸奖或亲吻，都会让幼小的孩子受到莫大的鼓舞，这样，孩子会渐渐把这种“无意识”变成“有意识”，变成良好的习惯。

◇2004年，在成都上公开课

做最好的家长，并不一定是把孩子培养得功成名就，而是让孩子成为最好的自己，让他用自己的人格魅力和学识能力，赢得幸福快乐的人生！

建议年轻的爸爸妈妈从孩子出生的第一天起，就给他写成长日记。这份日记将成为对孩子进行生命教育、情感教育，以及他今后进行自我教育的珍贵资源，也将成为父母不断反思教育的珍贵资料。

父母对子女的亲情感染和教育作用是爷爷奶奶无法取代的。但对于孩子来说，爷爷奶奶也是一种非常珍贵的家庭教育资源。这种资源，同样是父母的教育无法取代的。

爱的教育，应该是孩子最早也是最重要的启蒙课。我们应该从孩子小时候开始培养爱和善良。孩子和其他小朋友交往，难免会有冲突和矛盾，在这种情况下，我们应该教育孩子学会宽容和善待别的小朋友。

一定要给孩子留有随性玩耍的自由时间。父母要避免将孩子的时间塞满各种“培训”，所有的孩子都需要有一些无所事事、随性玩耍的时间。

◇2013年11月，在学校上课

作为教育者的老人，应该具有善良、豁达、有见识等素养，不应该仅仅是孩子的保姆，还应该成为孩子的朋友和老师。不仅要在生活上照顾孩子，而且要懂得尊重和平等地对待孩子，并在做人和学识上帮助和教导孩子。

家长要有良好的心态。面对越来越浓烈的“应试硝烟”，许多家长沉不住气。特别是看到亲戚、邻居或同事的孩子考上名牌大学，或者学习成绩比自己的孩子好，心里就很不平衡，于是反过来给自己的孩子“加码”，在学习成绩上逼孩子。于是，孩子和家长越来越对立，孩子也越来越讨厌学习了。

对刚进小学的孩子，保护他对学习的兴趣、信心和快乐感是第一重要的。每一个家长都要欣赏自己的孩子，发现自己孩子独一无二的优势，觉得自己的孩子比别人强，我始终认为，这是培养优秀孩子的前提。

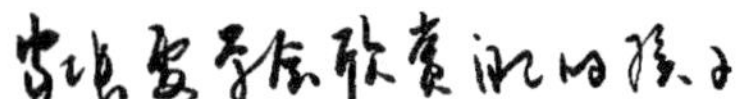

让孩子多接触音乐、舞蹈、画画等活动，可以丰富孩子的内心世界。当孩子随着音乐舞动或是拿着画笔涂鸦时，其实是孩子抒发他内在世界和表达情感的方法。但千万不要强迫孩子参加周末各种各样的才艺培训班和辅导班。孩子多才多艺当然很好，但无论学什么，都要注意两点：第一，是否符合孩子的兴趣与天赋；第二，是否以剥夺孩子的休闲快乐为代价。

每天让孩子坚持做一件他不喜欢但应该做也必须去做的小事，这就是最好的“磨难教育”。

培养孩子对阅读的爱好，用书香气熏陶孩子，多和孩子一起读书，并尽可能让孩子在玩儿的气氛中接触好书，为他们的人生打好“精神的底色”。

好习惯的养成是越早越好。让孩子懂得不能用粗心原谅自己学习上的失误，要学会总结、归纳。引导孩子养成多提问题的习惯，可以更好地激发孩子的学习兴趣。爱提问题的孩子比被动接受知识的孩子掌握知识要快，而且会觉得很容易。

建议和孩子一起制订学习、生活规则，然后坚持不懈地执行，慢慢把规则变成好习惯。

良好的家庭教育离不开适当的奖励或惩罚。但要记住，对于孩子来说，宽容往往比惩罚更有效力。奖励最好以精神形式，不要用物质形式，后者容易养成孩子强烈的功利心。

鼓励的力量是巨大的

对于一般孩子来说，应该告诉他为人要“自信不失谦虚，谦虚不失自信”，而对于从小就不自信甚至很自卑的孩子，应该用“骄傲使人进步，虚心使人落后”这样的观念鼓励他。

面对孩子的失败，不要简单地责备，否则孩子往往因自卑而一蹶不振，更不能为了提醒孩子不再犯错误，而总是揭孩子的伤疤。

帮孩子树立“做最好的自己”的观念：虽然孩子也许永远成不了什么“家”，但通过努力，却完全可以成为最好的“我”。成功就是成为最好的自己，每个人的成功都是独一无二的，所以应该培养孩子懂得成功是各种各样的，可以在各个方面实现的，而不要限制在“在学校看成绩，进社会看名利”的狭隘的“成功论”里。

孩子考出了好成绩，要热情地祝贺，同时要允许孩子下次考试失败。孩子这次考得好，意味着下次考试背负着好成绩的压力，所以家长要在这时给孩子减压，让孩子有持续的、好的学习心态。

别老把自己的孩子当天才，也别把孩子的好成绩寄托在“拳头”上。这两种做法都会严重损害孩子的自信心，会使孩子产生厌学心态。

不要渲染升学考试的恐怖，这样只会让孩子丧失学习的斗志。一方面不要一味批评孩子没出息，这样的家长首先没有理解孩子，而没有理解孩子就不可能真正走进孩子的心，也就谈不上有效地引导；另一方面也不要和孩子一起唉声叹气，这样做好像是“理解”孩子了，却不能解决孩子的任何问题，相反只会增加孩子对考试的厌恶。

给孩子树立这样的观念——“让人们因我的存在而感到幸福”。人生的价值不是你拥有多少，而是你留下多少；只有善良能够带来终生的幸福。让孩子在为他人服务的过程中感受到快乐。最好每天都问问放学回家的孩子：“你今天给别人做了什么？”

◇ 2013年5月的课堂上，抱着一个小女孩帮助她板书

允许孩子拥有自己的“私人领域”，但同时给他一定的压力和责任，这样他才能逐渐学会自控。

教育孩子一定要尊重普通的劳动者。只有对默默无闻的劳动者也充满敬意，才是真正地对人的尊重。因为尊重是对人本身，而不是附加在人身上的金钱、权势、地位等。让孩子明白行动上对人的尊重和精神上保持清醒的是非判断是不矛盾的。培养一些和孩子的共同爱好，这样就更容易明白应该怎样尊重孩子。

生活中的困难或者家庭中的大事，有时可以请孩子一起商量商量，这会让孩子感到受重视和尊重，并生发出责任感。

集体的爱

要鼓励孩子不放过每一次“抛头露面”的机会，积极参加集体活动。这非常有助于孩子养成开朗、热情、大方、积极的良好个性。

◇1994年，和学生在银厂沟

尊重只能靠尊重来培养。也就是说，只有家长对孩子尊重，才能培养孩子对别人的尊重。家长对孩子真正的尊重，不应只是出于“爱”的情感，更应该出于一种民主的理念。

要真诚地告诉孩子，应该爱周围的所有人——首先包括你每天面对的同学和老师。这种爱应该是自然而然流露出来的，而不是为了“拉关系”，或者是为了让老师表扬你。你爱别人，别人也会爱你，生活在一个爱的氛围中，你也成了一个幸福的人。

引导孩子获得榜样的力量，尤其是同龄人中生活的强者，将英雄气质植入孩子的心灵。

我们要让孩子认识到，现代社会生活要求人与人之间拥有人格上的独立与平等；还要让孩子了解公民之间权利与义务的平等性以及在法纪面前的一视同仁，懂得尊重、维护自身与他人权利的道理；努力使孩子具备尊重自己，同时又尊重他人，善于交往、与人合作，重视各种横向联系的生活态度。

关于“尊重”的教育，并不是要对孩子进行喋喋不休的说教，而是“生活化的教育”，即在日常生活中，家长通过自身充满尊重的行为去感染孩子，让孩子在生活细节中体现出对他人的尊重。

决不当着孩子的面说老师的不是，也决不允许孩子和老师顶撞，这是教育孩子尊重老师的底线。

成长中的孩子需要引导，需要教育，但前提是要让孩子获得尊重。而要尊重孩子，家长就需要学习一点心理学知识，这样才能真正理解和尊重他们。

一些家长认为，教育孩子如果太“正统”或太“老实”，孩子长大后会“吃亏”。我却从来把对人的尊重，看得比学习成绩还重要，因为我认为，只有真善美才能够给人带来真正的幸福。

作为教师的我曾说过，一个优秀的教师，一刻也不应该忘记自己曾经是个学生。同样的，作为一个家长，我也想说，一个优秀的家长，一刻也不应该忘记自己曾经是个孩子！

别把网络看成洪水猛兽，它对人产生积极还是消极作用，全取决于上网者自身如何对待网络。我认为在当今时代，网络已经成为我们生活中不可缺少的有机组成部分，它绝不仅仅是一种休闲方式，它也是一种学习方式，一种工作方式，一种交往方式。因此，我建议家长们学会上网，并且和孩子一起上网，这也是增进父母和孩子之间交流的方式。

把爱情教育作为人格教育的一部分，因为爱情是一个人美好精神的组成部分，是美好人格的要素。对今天的孩子来说，爱情教育是充满人性的教育所不可缺少的内容。

在孩子刚刚进入青春期的时候，家长就应该主动跟孩子谈爱情。在生活中和孩子谈论到爱情话题的时候，应该坦诚而自然。不要轻易怀疑孩子“早恋”。给孩子推荐一些有益的青春期教育读物，让孩子成为自己情感的主人。

现在家长对孩子身体健康关注过度，对心理知识却一无所知，无法了解孩子的心理需要，对孩子的心理隐患也不知如何预防、消除。孩子的心理发展关键期，一是儿童期，二是青春期。在儿童期，父母与孩子的关系如何，对孩子的心理早期培养有重要意义；在青春期，父母不能帮孩子处理好一系列冲突，最容易使孩子产生各种心理障碍。这些都应该引起父母的高度重视。

要关心孩子的身体健康，更应关注孩子的情感需要。在情感方面，孩子无论是分享快乐的经历还是倾诉糟糕的事情，家长都需要和孩子保持心灵的沟通，让孩子从交流中得到正面的激励。家长应该成为孩子最信任的人。

读一点儿通俗的儿童心理学著作，懂得儿童心理发展的基本脉络和特点，这样才能在理解的基础上跟孩子沟通，理解并宽容孩子的逆反心理。

多想想自己也曾经是一个孩子，多站在孩子的角度思考一下：假如我是孩子的话，我将会怎样？勇于向孩子认错，家长并不会因此而威信扫地，反而会令孩子更加尊敬和亲近你。

告诉孩子要有这样的态度和胸襟：学习别人正是为了发展自己！

孩子处于青春期时，严厉管束不如适时引导，唠叨说教不如多多倾听。应该给孩子更多的独立空间和自由权利，尊重他，和他成为朋友，像朋友一样陪伴孩子度过青春期。

让孩子背诵尽可能多的古典诗词，培养孩子的中国情怀。教孩子背诵古诗词，一定要从形象入手，从情境升发，从故事开始，这样才能激发孩子的兴趣，收到很好的效果。

从想象力开始培养孩子的作文能力，可以引导孩子面对眼前的事物展开想象，然后用文字表达出来。

引导孩子用自己的眼光打量世界，这样作文才有思想、有新意。只要与创作有关，不要埋怨孩子的房间或桌面乱，否则会影响孩子的创造力。

让孩子坚持写日记，引导孩子养成用笔记录自己心路历程的习惯，通过写作，让自己和自己对话，这极有利于孩子表达能力、观察能力、心理健康等多方面的发展。这个过程也会形成孩子的自我反思和自我教育。家长对孩子的文字记录有针对性地写下评点文字，拿给孩子看，然后和孩子交流，这是一种和孩子心灵沟通的方式。

教育孩子写作文，应把“真情实感”放在第一位，应该给孩子以充分的心灵自由，允许他们写自己的文章。说真话、写真事、抒真情是作文的基本要求。“真实”是作文的生命；作文就是“我手写我口”！

鼓励孩子保持童心，因为这是快乐和美好的源泉之一。鼓励孩子与各种年龄层的人交往，这有助于他形成宽容的个性。

◇ 1996年在成都玉林中学工作时，和学生在公园

每个孩子都是一个独一无二的生命个体，对于父母来说，孩子的成长只有一次，他的人生过程你错过了，就不可能回头再参与、再补救，所以父母要珍惜，怀着感动和爱心与孩子一路同行，一起成长；孩子的教育也只有一次，再也不会有重来的机会，所以父母理应重视这唯一的机会，结合孩子的表现，每天都思考至少一个关于孩子成长的问题，不断完善自己的教育观念和方法。

对孩子不要乱许愿，承诺的事情，就要想尽一切办法去实现，父母的以身作则是孩子诚信品质形成的重要因素。

当孩子刚进学校不适应的时候，应该给孩子以安慰和鼓励。引导孩子自己激励自己，这种激励的动力往往比外来的鼓励更强大。

跟孩子一起读书学习，比如家长可以看看报纸或自己喜欢的书籍，这样很有利于在家中形成良好的学习氛围，让孩子能够自觉安心地学习。

很少有人会想到，应该在一个人的少年时代便让他具备将来做父母的义务感和素质，这是一般人家庭教育观念中的盲点。

在成绩方面，要淡化中考、高考前任何一次模拟考试的成绩，不要因孩子的成绩而责骂孩子。

让孩子绝对服从老师的复习安排，因为迎接高考的漫长复习过程，其实也是学生和老师相互合作、相互配合的过程，只有学生配合好老师，老师的丰富经验和复习计划才能最大地发挥效用。

以自己的镇定让孩子沉住气，以平常心面对中考、高考。

不要过多地干预孩子的学习，要学会守望。生活上也不要太关心孩子，他自己的事情让他自己做，因为当孩子进入大学或者独立走上社会之后，这些都是他们需要具备的能力。

由于父母之间的仇恨，孩子心中爱的情感幼苗已经开始失去水分和土壤了，孩子明媚的精神世界正渐渐变得黯淡。对孩子的成长来说，这是极为可怕的；而更可怕的是，自以为依然“爱”着孩子的夫妻双方都没有意识到这一点。

如果没有合格的家长，就没有良好的家庭教育，而没有良好的家庭教育，就没有完整的优质教育。

夫妻之间的感情不仅仅看成是两个人之间的爱，这种爱同时也是一种无声而有效的家庭教育。也就是说，真正的爱不仅仅是一种情感，也是一种教育。这是一个很朴实但也最容易被人忽视和遗忘的道理。

◇2012年秋天，在课堂上

我经常给我的学生家长提四条建议：第一，成为孩子人格的榜样；第二，成为孩子知心的朋友；第三，和孩子一起阅读；第四，和孩子一起写作。

家长的行为习惯、家长的言谈举止，对孩子来说是最好的教育。换句话说，家长的言行、家长的人格是无声的教育。因为我们的孩子就在家庭环境当中成长起来的，家长的一言一行其实都蕴含着教育。

◇2009年夏天，在校园

现在有不少年轻的父母总是对孩子寄予太多的期待，这些“期待”又往往因为“不要输在起跑线上”的糊涂观念而变成一种焦灼。于是许多父母让孩子学这学那，却忘记了培养孩子最重要的东西——核心素养。让孩子养成健身、礼貌和阅读的习惯，在我看来，就是培养孩子的“核心素养”。

敢于放手让孩子去尝试“第一次”，别太心疼孩子。只要孩子付出了，哪怕没有获得成功，家长也要及时奖励。

礼貌，这是一种源于父母和深入骨髓的教养。所谓“源于父母”指的是孩子的教养来自父母的影响，而这种影响更多的不是说教，而是身教——父母以自己日常生活中随时想着别人、尊重别人的点点滴滴的言行，感染并影响着孩子。所谓“深入骨髓”指的是孩子的修养已成为一种不由自主的言行和本能，是孩子每一天与人交往的习惯方式。孩子懂得尊重别人，必然会赢得别人的尊重。“让人们因我的存在而感到幸福”的人，也必然赢得更多的人生幸福。

◇2000年4月，和学生在一起

四 教师素养

教师真正的尊严，从某种意义上讲，并不是我们个人的主观感受，而是学生对我们的道德肯定、知识折服和感情依恋。

一个真诚的教育者同时必定又是一位真诚的人道主义者。素质教育，首先是充满感情的教育。一个受孩子衷心爱戴的老师，一定是一位最富有人情味的人。只有童心能够唤醒爱心，只有爱心能够滋润童心。离开了情感，一切教育都无从谈起。

我拥有一颗童心。这颗童心，使我深深地爱着我的每一届学生、每一位学生；这颗童心，使我的学生原谅了我对他们有时抑制不住的暴怒；这颗童心，不止一次使我和学生一起欢笑，一起流泪；这颗童心，使我自然而然地走进了学生的情感世界，也让我的学生常常不知不觉地拨动了我的情弦……爱心和童心，是我教育事业永不言败的最后一道防线。

我经常对一些爱抱怨的年轻老师说："如果你对职业不满意，只有两个选择——要么改变职业，要么改变职业心态。"既然你无法改变职业，那当然只有改变心态了。既不改变职业，又不改变心态，心态和职业如此分离，永远都无法获得幸福。改善心态的渠道其实有很多，比如尽可能多和孩子一起活动，让童心感染自己；尽可能地感受来自孩子在一些细节上不经意体现出的爱，在一次次的感动中，你就会爱上孩子的；尽可能不断地创新自己的教育教学，让自己每一天的教育生活都是新的；把每个难题都当作课题来研究，而且是持续不断地研究，你将从中体验到教育科研的乐趣，并收获教育的成果；等等。

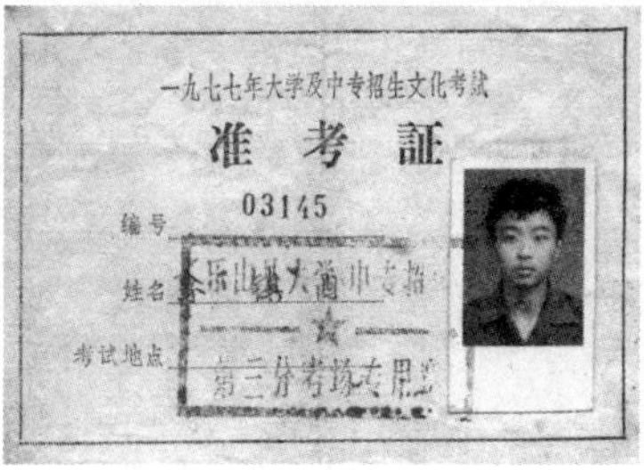
一九七七年大学及中专招生文化考試
准考証
编号 03145
姓名
考試地点

◇1977年12月，我的高考准考证

人因思想而伟大，世界因思想之林的存在而生机勃勃。绝大多数教师都只是普通的教育者，但是，思想的原野既需要参天的巨树，也需要无边的小草。思想家有思想的使命，普通人也有思索的权利。为了做一个清醒的教育者，为了做一个清醒的公民，我们不应该也决不会放弃自己的这一基本权利。

用思想照亮思想，用激情点燃激情，
用爱心滋润爱心，用个性发展个性，
用梦想唤醒梦想，用创造激发创造，
用浪漫缔造浪漫，用情趣营造情趣，
用人格铸造人格，用心灵赢得心灵，
……
坦荡为真，至诚乃善，朴素即美。

宽容，是对别人言和；妥协，是与生活共赢。

我发自内心地感谢我的学生。因为遇上我的每一位学生，我才可能有这么多的教育思考、教育情感和教育经验，才可能有这么多开心的笑声和感动的泪水，当然也才可能收获如此丰厚的教育幸福。

教师是幸福的

所谓“**教育良知**”，**其实就是**“**以心换心**”。

◇1981年秋，大学实习

◇和学生掰手腕

一个教师，如果把对学生的要求用来要求自己，就非常高尚了。

“做最好的教师！”这是一种平和的心态，也是一种激情的行动；是对某种欲望的放弃，也是对某种理想的追求；是平凡的细节，也是辉煌的人生；是“竹杖芒鞋轻胜马”的闲适从容，也是“惊涛拍岸，卷起千堆雪”的荡气回肠……

生活在学生中，就是幸福，就是最好！

教育追求也要面对现实

在一个价值多元的时代，我们不能够要求每一个人只能做同样的选择；换句话说，每一个人都有权选择自己的生活方式和对职业的态度。但是中国教育也的确需要一批乃至一代把教育当作事业而不仅仅是“谋生饭碗”的教育者。他们应该有直面现实的勇气，有超越苦难的精神，有披荆斩棘的双手，有遥望未来的眼睛；在他们的心中应该永远燃烧着教育理想主义的熊熊火炬！

挽留青春，珍藏童心；挥洒情感，燃烧思想；从职业到事业，从幻想到理想，手足舞蹈于校园，心灵飞翔于社会——这就是我的生活！

教育需要一种平和的心态，教育者需要一种宽阔的胸襟。

◇2013年，在初三课堂上

在我看来，十年甚至几十年如一日持之以恒地保持第一次踏上讲台的那份纯真与激情，是任何优秀教师之所以“优秀”的第一条件，也是我们获得教育职业幸福重要的因素之一。

作为一名教师，考试制度无法改变，教育评价无法改变，教材无法选择，学生无法选择，但是，教育教学过程的手段、方法、技巧以及你走进学生心灵的路径、方式却是可以改变或选择的。

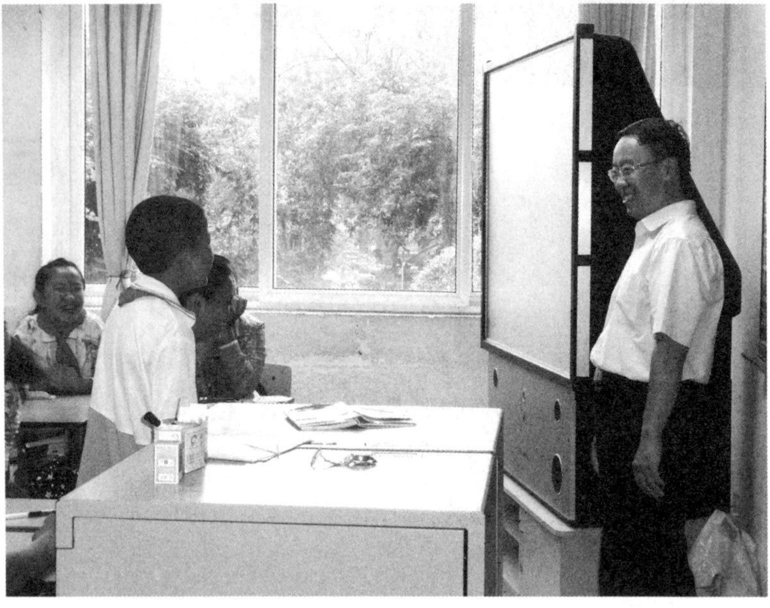

◇2013年9月，为武侯实验中学初一学生上课

一个仅仅凭“使命感”工作的教师，很难感受到教育的成功；一个仅仅靠“奉献精神”工作的老师，也很难体验到真正的职业幸福。

在我看来，所谓“爱心”是童心的自然表现。从某种意义上说，教育者的童心比爱心更重要。因为童心是人性的自然流露，而爱心有时候是一种理智的提醒和选择。对我来说，爱孩子是我的天性流露，而不是道德使然。童心保持一天，爱心就伴随一日。不存在职业倦怠或“慢慢爱心就变淡了”的问题。

胸襟决定境界

教育者以崇高的思想境界和高尚的道德标准要求自己，本身是没有错的。但这应该是一个贯穿终生的动态的追求过程，而不是意味着教育者已经达到了很高的人格境界。我们承认教师不是完人，承认教师在许多方面不如我们的学生，但这并不是降低了教育者对自己的人格要求，恰恰相反，只有教育者随时随地意识到自己的不足，才真正有利于教师的不断完善。

向学生学习，即使从教育的角度看也是对学生最有效的教育。学生从教师身上看到什么叫“人无完人”，什么叫“知错就改”，什么叫“见贤思齐焉”……教育者对自己错误的真诚追悔和对高尚人格的不懈追求，将感染、激励着学生在人生的道路上不断战胜自我，一步步走向卓越。

教育旅途上的所有经历与体验都是财富——成功与挫折、喜悦与忧伤、欢笑与泪水、纯真与苦涩、骄傲与尴尬……以及对这一切的反思，让我对教育、对学生、对自己的人生有了越来越深刻的认识，我的教育情感也更加丰富，教育给予我的幸福也更加丰厚，并让我走到了今天。

还教育以诚实

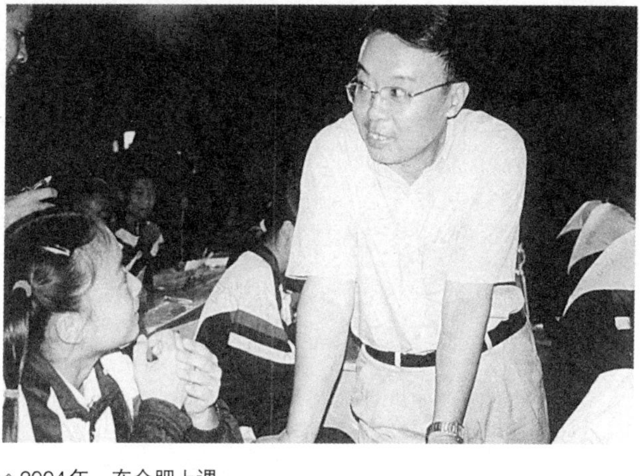

◇2004年，在合肥上课

作为教师，永远面对的是朝气蓬勃的脸庞，这是多么令人欣喜；作为班主任，永远面对的是晶莹的童心，这是多么令人骄傲；作为教育科研工作者，永远面对的是挖掘不尽的宝藏，这是多么令人自豪！献身于这平凡而崇高的事业，一切辛苦都是甜蜜的。

乐于保持一颗童心，使自己整个身心都与学生融为一体，是师生平等的感情基础。勤于与学生一起交流认识、探讨问题、争鸣观点，是师生平等的思想基础。

有事业心的教师，面对教育的所有现象，都能够以一种研究的眼光去打量与审视，并自觉地（而非外在的强迫）进行研究。这种研究不是抽象的理论推导，而是结合自己每一天的每一个教育行为（课堂教学、班级管理等）进行分析、比较、质疑、琢磨、提炼等。有事业心的老师总是具有一种超越自己的欲望，不愿意简单地重复自己，哪怕是同一篇“教熟了”的课文，针对不同的学生，或者在不同的时期，也希望能够上出新意；哪怕是富有经验的班主任，面对新的班集体，也努力追求带出新的个性与特色。

◇1998年5月，在天津参加全国赛课

做最好的自己

我希望我的每一个学生将来都能成为“最好的自己”。如果他们是科学家，他们会像杨振宁、邓稼先一样竭尽自己的才华，为中华民族的科技事业赢得世界声誉；如果他们是文学家，他们会以中国人民的欢欣和苦难作为自己创作的源泉，进而写出反映我们这个时代的真实的史诗；如果他们是国家公务员，他们决不会以权谋私大搞腐败，而是时刻牵挂民间疾苦，把每一位受苦的劳动者都当作自己的亲人；如果他们是普通的商店服务员，他们会以自己的真诚善良，让每一个顾客感到春风扑面……

我发自内心地深深爱着我的学生，同时我也一直被学生深深地爱着。无论是我爱学生还是学生爱我，这一切都源于我和我的学生所共同创造的教育的快乐、成长的快乐、青春的快乐、人生的快乐！

◇1998年，在多媒体课堂上

值得赞美就真诚赞美，应该质疑就大胆质疑。而且一旦质疑，就单刀直入，指名道姓，一针见血，坦荡磊落；绝对就学术论学术，而不会有半点人身攻击；更重要的是，争鸣时勇于坚持真理，也乐于随时向真理投降。这就是我追求的学术品格，更是我推崇的人与人之间的纯净关系。

◇2004年春，在南开讲学

年轻教师要努力让学生迷上你的课。真正优秀的老师追求每一堂课都精彩。当然，不同的老师，其精彩的侧重点是不同的，比如有的以幽默见长，有的以逻辑取胜，有的富于思辨，有的善于抒情……另外，视野开阔，信手拈来，将知识与学生生活相联系，甚至与学生的生命共鸣等，这些都能够使课堂精彩纷呈。

只要真正用心去做教育，哪怕是一个普通的老师，其教育生活也会充满生命的传奇！

教育有智慧

对优秀老师来说，精彩的课堂与出色的分数，必须同时具备。有的老师课上得好，教的学生却考得很差，那不是真正的“上得好”，也许不过是哗众取宠，以廉价甚至低俗的“幽默”博取学生的喝彩。有的老师教的学生考试成绩好，但他的课却不受学生欢迎，因为他的分数是靠“题海战术”、靠“加班加点”得来的，这样的老师也难以说是真正的优秀。

◇2004年春，在南开讲学

一个没做过班主任的老师，不能算是一个真正的老师！一个仅仅只是通过知识和孩子打交道的人，不可能真正走进孩子的心灵，也不可能真正获得孩子的爱戴，当然，他也不可能获得教育的真谛，也永远不可能享受完整的教育幸福——而一个老师离开了这些，还能够说是真正的教师吗？

能否获得种种荣誉、称号，往往取决于别人——领导、同事呀，有时候由不得自己；但是能否成为好老师，则全靠自己。

作为校长、教育局长，请尽可能给“苗子”以自由宽容的人文环境，让年轻人自由自在地“生长”吧！既不要吹毛求疵、横加干涉，也不要指手画脚、过度关照，更不要揠苗助长、豪华包装、大肆炒作。只有最朴素最宁静的田园，才能长出最肥美的庄稼。

让理想自由高扬，让心灵自由绽放，让个性自由舒展，让思想自由飞翔，让每一个教师成为他自己价值和尊严最本色、最灿烂的标志，而不是学校的“形象”和校领导的“政绩”……如此，“名师”必然生机勃勃且源源不断。

其实普通一线老师也可以成长为教育专家的。只要对教育有研究并且拥有教育技能——带着思考的大脑每天从事平凡的教育工作，既有理论修养又有实践经验，既仰望星空又脚踏实地，既视野开阔又聚焦课堂，既勤于阅读又乐于笔耕……任何老师都可以称作“教育专家”。

◇ 1989年春天，和学生在草地上比赛狗叫

在我看来，教育家首先是教育者但又不是一般的教育者，也就是说，他除了应该拥有爱心、理想、激情、责任感、扎实的学科知识、过硬的教学技能等一般教育者起码的素质之外，还应该具备成长为教育家所特有的一些品质。纵观大家所公认的教育家，我认为，他们至少应该具备这样的品质：超越世俗的高远追求，富有创见的教育思想，百科全书式的学识素养，长期的第一线教育实践。

说到底，教师的尊严正是来自高贵的心灵。厚实的学问、儒雅的修养、执着的理想、赤诚的爱心、纯洁的童真、丰富的智慧、宽阔的胸襟、凌云的气节、伟岸的风骨、朴素的良知、自由的精神……构成了高贵心灵的全部内涵。

听特级教师公开课的老师一定要明白，听这样的课，不是简单地模仿、机械地照搬，而是体会、领悟特级教师在课堂上自然而然所呈现的人文素养、学科功底、专业技艺，以及教育情感、思想和智慧，同时琢磨如何在这些方面提升自己，从而最终形成自己的风格。

如果人人都能成为教育家，那当然好，但这是不可能的。和教育家相比，“教书匠”勤勤恳恳、兢兢业业、朴朴素素、踏踏实实，比那些空谈理想、不尚实干的人，不知要好多少倍。

是的，教育过程也好，课堂教学也好，有很多现场生成的东西，需要教师随机应变、灵机一动、突发奇想、歪打正着……这些都属于“教学艺术”；但是，教育和教学都是有规律可循的，有章法可依的，特别是教育者的所有教育行为，都必须凭借扎实的专业基本功——我这里所说的遵循规律、依照章法，以及扎实的基本功，都属于“技术”！可是，现在有的老师带班随心所欲，上课天马行空，可是只要你提醒他“还是要讲起码的规范”，他会振振有词：“教育是一门艺术！”看，崇高神圣的教育艺术却成了有些老师敷衍塞责的遁词，甚至成了个别无良教师的华丽外衣！

不要纠结毕业后的学生是否来看自己。和学生相处三年或更多时间，彼此有了感情，学生毕业后希望他们回来看自己，非常正常。但是，这不是我们教书的目的，更不是我们的唯一追求。教师教书是为什么？就是让每个孩子健康成长，让他们增长知识、提高能力、完善人格。如果这个目的达到了，就可以了呀！孩子的成长与进步，就已经是对我们最好的回报。至于还有学生会回来看我们，那只是意外的收获——有，当然好，而且惊喜；没有，也不要紧。这就是我说的平常之心。

不少教师面对教育难题和教育困境，习惯于把什么都推给体制、推给社会、推给别人……唯独不想想自己可以做些什么。我们的确面临许多困难，但我们常常把这些困难想象得过于严重。对有的老师来说，理想本来就不“丰满”，却又夸大了现实的“骨感”；而对那些心态平和、志向高远而又富有智慧的老师来说，他们戴着“镣铐”，依然能够跳出相对优雅的舞步。

◇ 1989年，与学生在草地上嬉戏

所谓坚守良知，就是永远守住自己的童心，就是守住做人最起码的善良与诚实。我们都曾经是孩子，想想我们当初做孩子的时候，希望遇到怎样的老师，现在我们就做那样的老师好了；或者说，我们现在也有孩子，我们希望自己的孩子遇到怎样的老师，我们就做那样的老师，这就是“良知”。“己所不欲，勿施于人”，这就是“良知”；言行一致，率先垂范，这就是“良知”；不说假话，不做坏事，这就是“良知”；不偏心，不势利，保持师生关系的纯洁，这就是“良知”。

说到什么是教育最重要的，我们往往会想到“思想”“理念”“模式”等，但苏霍姆林斯基说那些都不是起决定作用的，而起决定作用的是品质，是对孩子的依恋之情！如此朴素而深情地表述教育，源于童心。这颗童心，本身就是爱心。对教育来说，没有这颗童心，有再多的学问都没用。

遵循常识，保持朴素，坚守良知

我经常给身边的年轻同行说，我并不聪明，由于时代的原因，也没有什么学问，但有两点我具备，这两点也“成就”了我，那就是：第一，目标始终如一；第二，行动持之以恒。前者说的是理想，后者说的是实践。我这里说的“两点”其实就是一点，或者说就是一个朴素的词：执着。

◇ 1998年在成都石室中学工作时，和学生在野外

通常情况下，教师之间的竞争最开始是“技术”的比拼，即课堂技巧；技术相当的情况下比“人文”，即技术的人文含量，传授知识过程中的“情感、态度和价值观”；接下来比“思想”，就是平凡工作过程中的思考、总结、提炼、升华等；然后比“信仰”，即每天所做的一切是“为了什么”；到最后，是比人格——善良、宽容、豁达、坚毅、淡泊……随时想着别人，随时成全别人，“让人们因我的存在而感到幸福”，“己所不欲，勿施于人”，“己欲立而立人，己欲达而达人”，“以其不争，故天下莫能与之争”……这些都成为自然而然毫不做作也毫无功利的生活状态。所有教育大师之所以能够成为教育史上的丰碑，当然和他们的智商、能力、学养有关，但最后决定他们成为大家的，是他们纯真而纯粹的人品。我也可以反过来说，如果没有一种高尚的人格，无论怎么聪明，也无论暂时有什么“名气”，最后也是绝对走不远的。

要有教育信仰。有教育信仰的人做教育会有一种内在的坚忍与执着，他不会因任何外在的干扰而懈怠，也不会在乎别人的褒贬和一些功利的评价。苏霍姆林斯基长期在远离喧嚣的乡村实践着自己的教育理想，即使在面对各种恶意非议的时候，他也没有动摇自己的意志，因为他有教育信仰！教育技巧、教育素养、教育思想，都比不上教育信仰更能让人持久地坚守自己的教育阵地，只有教育信仰能够使人保持教育良知，守住教育阵地，能让教育之旅无限地延伸。

要做一个有思想的教育者。所谓的“思想”并不抽象，也不高深，说白了，就是我们在做每一天的工作时，或在做每一件事情的时候，有没有想想：我为什么要这样做？这样做对不对？我将把学生引向怎样的未来？我的教育人生究竟追求什么？我的终极目标是什么？等等。自由的灵魂，批判的精神，质疑的眼光，创新的勇气，就是我所说的作为一名基层教师的“思想”的标志。

做有思想的教师

要以教育的眼光看周围的世界。我现在无论读什么书，都能读出教育；无论看什么电视节目，我都能看到教育；无论遇到什么事，我都能想到教育。

教师的成长主要在课堂。无论有多么伟大的理想，多么澎湃的激情，多么先进的理念，多么科学的设计，最终都必须体现在课堂上。一堂课只有四十分钟，可这四十分钟正是教师生命的流淌，当然也是孩子青春的燃烧。善待课堂，就是善待我们自己的生命，也是善待孩子的青春。上好一堂课，不仅仅是四十分钟的事，还有课前的思考研究，以及课后的反思总结，这都是成长本身。教师的教育爱心、教育智慧、教育技能、教育艺术……都在课堂上呈现。所以我说教师的成长主要在课堂，应该是站得住脚的。

充满爱心投入教育，必然会感到教育的困惑，即工作中的许多棘手的难题；而把难题当课题，我们的思考与实践就进入了科研状态——带着问题读书，根据教育理论来审视实践中有待解决的问题，最后又提出解决的方案加以实践。在这个过程中，理论与实践浑然一体。

教育和文学有着天然的血缘关系。人性，灵魂，感动，诗意，纯真，情趣，敏锐，童心，真性情，心灵激荡，泪流满面……这些既是教育的，也是文学的。因此，我们完全可以把教育当作诗来写。

教育与文学共进，思想与激情齐飞，青春与童心为伴，生命与使命同行。

不要把教学能力和管理能力对立起来。这是一回事，不是两回事。在课堂教学中培养自己的管理能力，用管理能力加强自己的课堂教学。

任何老师，只要多实践、多反思、多阅读、多写作，就自然而然地成了教育专家。这和有没有专家引领没有必然联系。任何行业的专家都是自己成长起来的，而不是谁引领出来的。

教师的生命在课堂中。一刻都不离开校园，一个教师才可能真正成功。

从来就没有专门的“专业成长时间”，任何人也不可能为年轻教师成长而提供“思考”和“静下心好好读书”的“专门时间”。从某种意义上说，教育本身就是每天对各种琐事和意外情况的处理。所有的成长都是在困境与夹缝中完成的。思考也好，学习也好，都是一种习惯，而不是一项需要“专门时间”完成的任务。

◇2004年，在成都上公开课

作为知识分子的教师，同时也是一名思想者，他应该站在人类精神文明的制高点俯瞰自己的每一堂课，他的心中应该装着整个世界。国际风云、时代变化、社会焦点……都应该在他心灵的湖面激起思想的涟漪。

作为当代的教育者，我们一定要在精神上提升自己，做一个有尊严的知识分子！

不管外面如何喧嚣浮躁，守住自己一颗朴素的教育心；然后不停地实践，不停地思考，不停地阅读，不停地写作——如此坚持五年、十年，你不想成功都难。

爱是一种依恋，是一种理解，是一种尊重，是一种责任。对学生的爱的体现并非一定要有惊天动地的举动，有时候不过就是一个温暖的眼神，一句亲切的话语，一件举手之劳的小事。我身边的许多默默无闻的老师每天都是这样爱着学生。当然更多的时候，爱学生就体现在我们每天的本职工作中。

没有人统一规定“教师成长的指标”。我认为，培养儿童情怀，建立职业信仰，丰富学科知识，积累教育智慧，提升课堂艺术，拓展人文视野等，恐怕都是“教师成长的指标”，而这些同时也是教师成长的方向。

有的老师没有搞教育科研的兴趣，那是因为他没有意识到教育科研与自己每天工作的关系，或者说没有尝到搞科研的“甜头”。其实，对一线老师来说，应结合自己每一天的工作，将自己遇到的每一个难题当作课题来研究，并伴随着思考、阅读和写作。如此把难题当课题，就是最好的也是最有效的教育科研。

教育情感是共同的，教育原则是相通的，具体的教育方法却是因人而异的。抱着寻找“拿来就用”的想法去看任何名师的书或视频，依然不会有“具体”的收获，而且永远不会有！

当教师第一次与学生见面，他就开始置身于几十位学生的监督之中，老师哪怕表现出一点点矫饰、圆滑、世故、敷衍塞责、麻木不仁、玩世不恭……都逃不过学生那一双双明净无邪的眼睛，并会在学生纯洁的心灵中蒙上阴影。作为社会人，教师也许会有几副“面孔”，但面对学生，教育者只能有唯一的“面孔”，那就是诚实！

要走进任何学生的心里，都必须先要与学生建立情感与信任。对性格内向的学生更是如此。任何内向的孩子，面对自己信任的人都会敞开心扉的。

对教师来说，教育的目的时刻都应该明确；但对于学生来讲，我们的教育意图却应该尽可能地隐蔽起来。一味地灌输，往往会招致学生的厌恶；而教育痕迹的淡化，常常会收到并非淡化的教育效果。这一思想教育辩证法，已被愈来愈多的教育实践所证实。

对真善美的执着追求，对假恶丑的毫不妥协，火热的激情，正直的情怀，永远是教育者的人格力量。

学生源于教师的信任而产生的自觉性是不可忽视的，学生潜在的组织能力、管理能力更是不可低估的。因此，所谓培养学生的自觉性与能力，首先就是班主任为学生提供自我教育与管理的机会，而不是“手把手地教”。当每一个学生都以主人的姿态与班主任协力建设班集体时，班主任还会感到累吗?

作为教师，我不说粗话脏话，也教育我的学生不说网络流行的一些粗鄙的语言。守住我们的课堂与校园，如士兵保卫城堡一样，自然而神圣。对于教育而言，没有教师的优雅，就没有学生的优雅，而没有学生的优雅，就没有未来中国的优雅。

我们呼吁“别神化教师”，意味着不但承认教师也有作为人的生存需要，也有正当的物质诉求，也有过美好生活的愿望和权利，而且要承认教师不是完人，也有自己的弱点、缺点和个性。从某种意义上说，教师也和学生一样，是一直在不断成长中的人。

◇2009年冬天，我当校长同时做班主任，和学生在公园比赛做鬼脸

作为一种职业，教师的确有普通的一面，比如要有职业规范、入职门槛，也要有职业技能并能获得报酬……但教师职业更有其“不普通”的一面，那就是教师担负着教书育人的使命！注意，我这里之所以说是“使命”而不是“任务”，因为“使命”比“任务”更神圣、更崇高，更关系到一个人乃至一个民族的未来！我们完全不用怕“不接地气”，便讳言教育的神圣、崇高与伟大。

在互联网时代，知识的源泉显然不仅仅是教师了，技能也可以不通过传统意义上的学校而获得。如果教师还认为自己从事的行业不过是“提供商品服务”，这是教师把自己的职业“矮化”了。

职业规范只能管到表面的教育行为，却管不到内在的教育情操。比如，严格的规范能够保证教师上课必须备课写教案，按时上课不迟到……但却无法保证教师备课的精心与认真，更无法保证教师课堂教学能深入浅出、生动有趣、富有魅力。要做到这些，教师的爱心、智慧、责任心是必不可少的。拥有这些精神层面的因素，更多的不是取决于“制度”，而是教师的职业良知。这就是教师职业“不普通”的一面。

教育没有“包打天下”的灵丹妙药。无论多么正确的教育原则，都无法破解一个又一个具体的教育难题。而且，越是具体的教育难题，其破解方法越具有“唯一性”，因而是无法复制的。对自己教育对象的思考与研究是别人不能代替的，与其求助于人不如求助于己。最好的“请教对象”是自己。

能够给我的学生留下充满人性的温馨记忆，就是我的教育信念。如果他们感到在李老师身边生活的三年，是他们生命中一段阳光灿烂的日子，我便有了职业幸福。

让我所教的每一个学生都因为遇上我而有一种幸运感，并拥有温馨记忆，这是我朴素而真诚的教育理想。

虚心好学，当然是一个年轻老师的美德。但所谓“虚心好学”更多的是指勤于阅读，善于观察，勇于探索，富于思考，乐于研究。动辄便“请教”则不是“虚心好学”，是自动放弃了思考与研究的权利，而放弃了思考与研究，便中断了教师专业成长至关重要的路径。

要永远保持最初的那一颗纯洁的教育心。这颗心，意味着善良，意味着纯真，意味着理想主义，意味着不竭的激情。怕就怕时间一长，看什么都是“就那么回事儿”。回想一下，第一天工作的时候，对面走来了学生向你问好，你多感动，赶紧认真回礼“同学好”；现在呢，还这么感动和认真吗？我自豪的就是我一直保持着这份对教育的单纯。无论现在别人怎么认为我是“著名专家”，可我心灵深处认为我只是教育者，面对孩子，我就是喜欢他们并被他们喜欢的“李老师”。这份单纯，其实就是善良。一个善良的人无论做什么事都会认真做好的。我们越是保持着一颗单纯的教育心，我们就越容易感受到教育的幸福。

保持纯净的爱心

要从容。面对犯错误的学生，千万不要表现出来惊慌失措、手足无措，更不要哭鼻子，或者说“不教你们了”。这样只能在学生面前表示你的无能。作为人，我们都有七情六欲，有喜怒哀乐，但作为老师，我们要尽可能在学生面前表现出从容不迫、处变不惊的态度，这是一种自信的体现，也是一种智慧的表现。

要大度。学生犯了错误，甚至冒犯了老师，老师不可能不生气，但不要老是生气。作为老师，不要和学生计较。要有这样的胸襟，要有一种宽容。永远不要与学生为“敌”，永远要意识到学生是成长中的孩子。

我一直相信，一个能够经常被学生感动的老师，必然拥有源源不断的工作动力。我一直引导老师们要善于感受学生的爱，这种爱能够反过来转化为教师对孩子的爱。“让老师生活在爱中，因为来自学生的爱，能够使一个老师变得更加勤奋而富有智慧！”这是我引导好多年轻老师的“诀窍”。

◇2001年春天，在扬州上公开课

从某种意义上说，所谓“自己培养自己”，就是用一生的时间来寻找那个让自己惊讶的“我”——而这个“寻找”的过程是没有止境的。

我坚定不移地认为，任何人的成长，都是一种自觉选择、自我培养和自由发展的过程。

我经常给我校年轻老师作一个比喻，求职就像恋爱，入职就像结婚。教育的艰辛和教育的快乐是融为一体的。正是伴随着这一切，年轻教师才成长起来，才获得了教育的幸福。从教这门“婚姻”——浪漫也罢，平淡也罢，甜蜜也罢，艰难也罢……都是你自己的选择。选择了其中一项，就选择了全部。我们不能说，我只选爱人的优点，而不要她的缺点。有这样的婚姻吗？既然是自己的选择，你在享受快乐的同时，也要承受痛苦。

教育，不是外在的强迫，而是自己的选择；不是为别人做，而是为自己做。这就是我所理解的“职业认同”。

每一个教师的内心深处，都潜藏着一个“卓越的自己”。所谓成长，就是不断地挖掘并发展那个“卓越的自己”，而这个过程没有止境，伴随终生。每一次成功，都是起点；每一个教训，都是财富；每一次创造，都是庆典；每一次超越，都是惊喜……这样的成长，多有意思！这的确是教育对自己人生的最好的奖励。

一个真正的教师一定要有宽阔的胸襟，我们一定要站在教育的高度看教学，站在社会的高度看教育，站在人生的高度看社会，站在星空的高度看人生！这就是我说的“胸襟”。

每一次意外都是智慧的考验，每一个顽童都是意志的磨砺，每一道难题都要转化为课题，每一回绝望都蕴含着希望。这就是教师的“专业成长”。

没有创造的教育生活，是没有快乐的；只有让我们每一天都充满创造的因素，我们的职业才充满幸福。

无论是教师，还是校长，只有走进了人的心灵，才真正叫教育，否则就只是目中无人的“教学”或“管理”。

教师职业对我来说，既是付出也是收获，既是吸收也是表达，既是思考也是感动，既是教育也是文学……

教师的幸福，就在于能够给一届又一届孩子的未来留下充满人性的温馨记忆。

任何一个教育者在其教育生涯中，都会犯这样或那样的错误。区别优秀的教育者和平庸的教育者，不在于教育者是否犯错误，而在于他如何对待已经犯了的错误。善于通过反思改正错误、超越错误，就是把教育失误化作了教育财富，这是任何一个教育者从普通教师走向教育专家乃至教育家的最关键的因素之一。

作为教师，我们不能仅仅是向学生奉献心血、青春乃至毕生的年华，不能仅仅是因学生的成长和成功而喜悦，我们还应该在教育学生的同时，提升自己的事业境界和人生品位；在学生成长和成功的同时，我们自己也应该不断成长并走向成功，从中体验到人生的快乐，为自己的生命喝彩。从这个意义上说，教育不应该只是一个奉献的岗位，也应该是一个获取的职业；教师不是一支默默流泪的蜡烛，而是一轮灿烂耀眼的太阳！

做一个不停思考的教育者。教育本身就是最具创造性的精神活动，所以教育者充满理想主义激情的人文情怀和独具个性的思考精神，当然应该贯穿于教育的每个环节和整个过程。这里的“思考”首先指对自己的思考，即把自己当作研究对象，揣摩、琢磨、体验、品味着自己已经和教育水乳交融的日常生活；同时，“思考”也包括关注、研究、咀嚼、审视别人的教育实践和教育思想。如果这思考带有对自己进行检讨、解剖的意味，它便成了我所理解的“反思”，而这种反思的习惯和能力正是一个教师走向成功必不可少的精神素养和职业品质。

只要教育的目光永远投向人的心灵，那么作为教师，我们就永远不必担心被科技所淘汰，而我们的教育必将永远处于时代的最前沿。

与其计较学生不喜欢自己，不如反思学生为什么不喜欢自己。这样，我们会不断改进自己的工作，会更理解孩子，自然便会赢得更多孩子的心。在我看来，有不喜欢自己的学生，这对老师来说是一笔教育财富。

绝对不能体罚学生，这是我给自己规定的底线，这条底线“逼”着我研究学生，“逼”着我学习理论，“逼”着我反思实践，“逼”着我总结经验……我因此写下了许多教育反思、教育案例和教育故事。正是这一切“逼”得我对教育的理解更深刻，让我的教育情感更充沛、教育智慧更丰富！

我欣赏并敬佩“不苟且”的教师。不苟且，意味着抵御外在的诱惑，坚守内心的良知，不管社会风气如何，决不放弃应有的理想、情操和气节——敬业，但不愚昧；郁闷，但不沉沦；疾恶如仇，却决不迁怒于自己选择的教育工作；偶尔也发发牢骚，但决不因此而与教育为敌，与孩子为敌；身居一隅，目光却始终投向“诗和远方”……我身边乃至遍布于全国各地许多角落的千千万万默默无闻的普通老师就是这个样子的。

当你全身心地投入到自己所热爱的教育中时，那么多的感动，那么多的快乐，那么多的收获……会让周围关于名利、得失的一切喧嚣和诱惑，烟消云散。和你终生享受的教育相比，那些小名利、小得失，算得了什么？简直微不足道！

所谓“爱”是内在的精神状态，看不见摸不着，而“亲和力”是外在的表现。有人一见到孩子，心一下便柔软起来，看孩子的眼神情不自禁就很柔和，言谈举止都让孩子觉得亲切、有趣、好玩，孩子忍不住就愿意听他说话，和他一起玩儿，这就是对孩子的亲和力。这样的人便适合当老师。

做教师，一定要特别细腻，学生的一笑一颦，都能在老师的心里激起涟漪。这样的教师，其内心世界又特别丰富，装着所有孩子的喜怒哀乐，也装着教育所需要的“生活”“社会”和“世界”。这样的老师，有着本能的、充满跳跃性的联想力，他能够由一个孩子的今天，想到他的未来。教师情感世界的细腻而丰富还体现于他特别容易被感动，哪怕是分别时孩子一个依恋的眼神，都能让他久久不忘，并且铭记于心。

一个教师要用教育的眼光看世界，从世界的角度看教育。

教师应该具有敏锐的洞察力。在我看来，所谓“洞察力”，不仅仅是一种判断力，而且是一种非凡的“透过现象看本质”的思维穿透力，是一种善于从许多看似毫不相关的现象中找到某种必然联系的分析比较能力。所谓“洞察力”，很多时候体现在班级生活中或课堂上。教师应有见微知著的敏锐，他能够从孩子一个细微的眼神、一个瞬间的表情、一个不经意的动作……感受到孩子的内心世界。

教师应该具有浪漫气质。我曾经说过，教育者不一定是作家，但一定要有作家的情怀；教育者不一定是诗人，但一定要有诗人的激情。澎湃的热血、青春的气息、透明的情怀、纯洁的诗情、奇妙的想象、壮丽的憧憬……这样的教师所从事的教育——课堂教学与班级建设，将会多么迷人而富有创意啊！

有人预言人工智能将取代教师，这是对教育理解有误所致。教育本身并不只是灌输知识和传授技能，知识和技能在教育的过程中，都是人格的载体。真正的教育意味着精神的提升、人格的引领、情感的熏陶、价值观的引导……一句话，教育是指向人的灵魂的。所有学科知识的学习都是人格形成的渠道之一——虽然是极其重要的渠道。天地人、德智体、真善美……构成了教育丰富多彩的内涵。雅思贝尔斯说："教育，是关于灵魂的教育，而非理性知识和认识的堆积。"事关灵魂的教育，岂能交给没有灵魂的网络与机器人？

课堂的魅力就是教师的魅力，而教师的魅力其实主要就是学识的魅力。教师在讲台上一站，就要让学生感到你有一种源于知识的人格魅力。

五 教学思考

师生之间人格的相遇、精神的交往、心灵的理解，便创造和分享了真正的教育。这种教育，同时也是师生双方的生活，是他们成长的历程乃至生命的流程。

教师应该在课堂中营造一种“对话情境”。这里所说的“对话”，不仅仅是指教师和学生通过语言进行的讨论或争鸣，而主要是指师生之间平等的心灵沟通。这种“对话”，要求师生的心灵彼此敞开，并随时接纳对方的心灵。因此，这种双方的“对话”同时也是一种双方的“倾听”，是双方共同在场、互相吸引、互相包容、共同参与以至共同分享的关系。

◇ 1985年在乐山一中工作时，指导学生在郊外写观察作文

培养学生的思考能力，符合时代发展的需要。因为教会学生思考，其更深远的意义在于为学生未来的人生播撒科学精神的种子，为我们国家的未来造就民族振兴的栋梁。

科学精神最重要的内涵之一便是怀疑精神——怀疑不是否定，而是不迷信。从人类文明史上看，怀疑是创造的起跑线，是科学的助产士，是真理的磨刀石。

思考的能力，怀疑的勇气

事实上，无论是教学目标的确定还是教学活动的组织，都体现了教师的价值取向。纯粹客观的教学，永远不可能存在。在课堂教学中，教师的价值引导主要体现在：一方面，他创设和谐情境，增进学生合作学习，鼓励学生积极参与并主动创新，让学生在尊重中学会尊重，在批判中学会批判……这本身就是教育者应该追求的教育目的；另一方面，面对有争议的话题，特别是面对一些需要引导的话题，教师不是以真理的垄断者或是非的仲裁者自居，去发表一锤定音的“最高指示”，而是充分行使自己拥有的发言权，以富有真理性的真诚发言，为学生提供一些更宽阔的思路、更广阔的视野和更丰富的选择。教师的发言尽管只是“仅供参考”，但由于教师所处的“首席地位”，尤其是教师发言所闪烁的智慧火花和思想光芒，必然会打动学生的心灵，在他们追求真理的道路上产生积极的影响。

与其教给学生现成的思想，不如以思考的习惯去带动学生一起思考。我们不能想象，一个迷信权威、毫无创见的教师，会培养出敢于质疑、富于创新的学生。

我主张，教学预设既应依据教学大纲、课程标准和教材的要求，更要面对学生的实际，而且更重要的是，对教学环节的预设应该富有弹性，要留有机动灵活的创造空间。任何教学预设都应该根据课堂上学生的变化予以调整，而所谓“引导”正体现在这种调整的艺术中。

我理解并倡导的科学质量观，至少应该有这些内涵：第一，追求可持续的质量。既要重视学习成绩，更要重视人格塑造、能力培养和全面素质的提高；既要为学生的升学服务，也要为学生终身服务。第二，追求整体的质量。面向学生，着眼于每一个学生在原有基础上最好的发展。第三，追求和谐的质量。以人格教育为核心，学生的德智体美劳各方面不一定是均衡发展，但一定要协调发展。第四，追求方法、过程与结果相统一的质量。方法科学，过程快乐，结果理想，让学生幸福。

哪怕是和“应试”联系最紧密的课堂教学，只要方法科学，也完全可以让学生在接受知识、培养能力的过程中充满快乐。所谓方法科学，就是遵循学生的认知规律，符合学生的接受心理。用大白话来表述就是，把教师“教”的过程变成学生“学”的过程；或者说，教师的“教”服务于学生的“学”，让“教”和“学”达到和谐的统一。

◇2009年9月，在南京讲学

过去的课堂，都是教师一个人滔滔不绝地讲，讲得再多再好，学生不会等于零。我们现在要转变观念，把课堂还给学生，让学生成为学习的主人。从教多年，我发现优秀学生都有共同的特点，那就是喜欢给同学讲题。其实，给别人讲题就是最好的学习方法。这是个常识。这个常识很深刻，也很朴素。多年来我们把这个常识给忘记了，我们不停地给学生讲，却不让学生讲。于是，知识在我们教师头脑里记得越来越深刻，学生却什么都没记住。现在我们要倒过来，放手让学生在课堂上讲，教他们讲，创造条件让他们讲。

师生的对话与倾听

新课程改革理论将教学的本质定位于交往，把教学过程理解为师生共同参与、共同发展的互动过程。因此，作为体现交往哲学理念的“对话”，不仅仅是一种调动学生的教学手段，更是一种尊重学生的教育思想；不仅仅是一种激活课堂的教学技巧，更是一种走进心灵的教育境界；不仅仅是指教师和学生通过语言进行的讨论或争鸣，更是指师生之间平等的心灵沟通与交流。

课堂教学既应该传授知识、培养能力、发展智力，更应该将人类文明的精神成果注入孩子们需要滋养的心灵：善良、正义、忠诚、气节、自由、平等、博爱、宽容、公正……特别需要指出的是，我这里所说的“注入”绝不是脱离教学内容进行生拉硬扯的强加或牵强附会的联系，而应该是自然而然地融汇在教学过程中。

尊重个性就是尊重差异，这就要求教育者在教学内容的组织、选择和教学方法的使用等方面，都必须考虑学生个性的独特性和差异性。尊重学生的个性，还意味着不用“升学与否”这一把尺子来衡量学生是否成才，而是尊重不同个性学生未来的不同发展，坚信每一个学生都会在今后的社会生活中找到自己的位置。

在课堂上，学生是否能真正享受平等的受教育权利，在很大程度上还取决于教师是否能真正平等地尊重每一个学生。例如，教学活动是让少数“精英学生”独领风骚，还是让所有学生都参与呢？上公开课，只是让个别“尖子生”举手回答以显示教学效果，还是让每一个学生都积极参与讨论以展示所有学生的真实思维状况呢？毕业复习期间，是只重点抓部分升学有望的学生，还是面向所有不同学习层次的学生呢？这些问题都体现出教育者是否真正平等地尊重学生的权利。

最好的教，就是让学生学会学；
最好的学，就是让学生给别人讲。

针对过去“满堂灌”的弊端，许多教师开始注重“启发式”教学，但是，谁来“启发”？是仅仅靠教师启发，还是引导学生之间互相启发，同时更注重学生的自我启发？这些问题往往被一些教师忽视，于是“满堂灌”变成了“满堂问”，就以为是“主体”“主导”的统一，这实在是一种可怕的误解。

培养学生的思考能力，实际上也是在训练学生科学的治学方法。知识传授绝不是最终目的，我们的目的是通过教学，为学生的未来开辟一个广阔的文化空间，让学生自己去探寻、研究、发展和创造。因此，教会学生治学尤为重要，而治学的过程在很大程度上就是一个独立思考的过程。

◇2004年3月，在课堂上

在课堂教学中，我们当然可以把教师角色定为“导游”“主持人”以及“导演”“舵手”等，但更重要的是，不论什么角色，教师都应该在课堂中营造一种“对话情境”。

直到现在，说起创新教育，有些教师首先想到的往往是思维品质和具体思维方法的培养，比如思维的深刻性、批判性，以及逆向思维、发散思维、求异思维等。应该说，针对学生长期以来在“应试教育”背景下所形成的思维模式，这些引导和训练当然是很有必要的。但我认为，对学生创新精神的培养首先是要点燃学生熊熊燃烧的思想火炬，让学生拥有自由飞翔的心灵。

学生创造性思维的产生，有赖于教师创设民主、宽松的教学气氛。我们应该使每个学生都具有心理上的安全感，从而在没有外界压力的气氛中充分展开认识活动，所以说，师生之间互相尊重、互相信任、互相学习的平等和谐关系，是发展学生创造性思维的重要前提。

我坚决反对那种连学生都不认识、更不熟悉的“借班上课”。教师不管在课堂上有多么“机智”，最后都是想方设法把学生置于自己的思想框架之内；学生不管在课堂上有多么热闹，显得多么有“主体性”，其实他们或多或少地都成了教师表演的道具。

好课堂应该“有趣”加“有效”。有趣，是手段；有效，是目的。如果只是有趣而没有效，课堂就成了搞笑；如果课堂没趣，只追求所谓的有效，一味地灌输，这样的课学生不爱听，也很难达到真正的有效。

所谓课堂魅力，说白了就是要让课堂对学生有吸引力，让孩子们爱听你的课，让孩子们对你的课感到妙趣横生、如坐春风。教师的口才特别重要，就是要学会说话。大家想想，教育也好，教学也好，不都主要是通过口头语言与人沟通吗？好的课堂总是师生共鸣、氛围和谐。让课堂有吸引力，就要琢磨如何开头，如何结尾，如何和学生交流，如何面对突发事件，等等。

◇2006年10月，在广州讲学

我认为，只要教师肚子里真的有学问，那他无论怎么教，都叫“素质教育”！旁征博引，信手拈来，雄视古今，联通中外……这样的课不但吸引学生，而且震撼学生的心灵，打开学生的视野，激发了学生的思考与创造！如果教师肚子里空荡荡的，只会根据教学参考书来备课、上课，在课堂上必然会捉襟见肘、了无生趣。

每天都给学生上课，我们是否问过学生的感受。不要说学生不懂教学，至少他们的意见可以作为参考。让学生给自己的教学提意见和建议，就是在帮助我们改进教学。三十多年来，可以说我的课一直都在学生的监督和评判之中。我真的很感谢我的学生们！

在公开课上，教师一定要真正把学生放在心里，而不要把评委和听课老师放在首要位置。要着眼于学生怎么学，而不是评委及听课老师怎么看。

◇2012年，在课堂上

参加赛课的年轻教师，一定要把备课的全部心思放在如何组织学生研读课文，如何展开交流，如何学习课文的可学之处上面；而不是绞尽脑汁地设计多么“别开生面”的开头，多么“震撼心灵”的高潮，多么“耐人寻味”的结尾。成功的标志是学生是否走进了课文并有所收获，而不是让评委觉得“耳目一新”。

备课时，教师当然要深度研读课文，思维越开阔越好，甚至有些批判性思维也无妨，但课堂上一定要有所克制。学生当然也需要引领与提高，他们的思维也需要教师的拓展与深化，但这必须以尊重学生为前提，进行循循善诱，巧妙引导。

当孩子回答不上老师的提问时，没有经验的老师会叫另外的孩子回答，或者干脆自己说出答案。但优秀的老师会等待——留点时间，让孩子来填补。这已经不是一种教学技巧，甚至还不能仅仅说是教学艺术，这更体现了一种真正把孩子放在心上的教育思想。

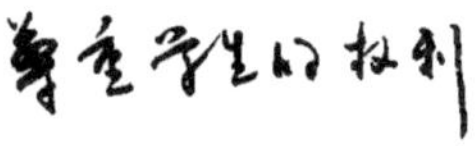

我越来越觉得，所谓好的教育——当然包含课堂教学，其实就是一句很朴素的话："把每个孩子放在心上！"这里我说的是"每个"而不只是那少数"尖子生"。这里的"放在心上"当然指教育教学的方方面面，包括公开课。试想，如果在公开课上，只是少数几个"尖子生"在表演、展示，其他学生只是陪衬、只是旁观者，这样的课堂意义何在？让每一个孩子在课堂上都受到关注，都赢得尊严，都获得成长，这不需要教师多高的理论水平，只需要教育者的良知。

六 教育理解

我们向往并为之奋斗的教育，应该是目中有“人”的教育，是充满人性、人情和人道的教育，是为了一切人全面发展的教育，是散发着科学芬芳、闪烁着个性光芒的教育！

特别要宽容教育家的个性。凡是具有创造性实践精神与能力的教育者往往都是个性鲜明的人，他们有自己“标新立异”的思想，有自己“别出心裁”的表达，有自己“与众不同”的做法。如果我们扼杀了教育者的个性，也就扼杀了教育者成长为教育家的可能。

教育必须尊重学生的个性

教育的核心理念，是对学生的尊重——尊重学生的尊严，尊重学生的个性，尊重学生的情感，尊重学生的思想，尊重学生的差异，尊重学生的人权，尊重学生的创造力……与此同时，培养学生对他人的尊重。

所谓给教育以诚实，就是面对现实中弥漫的教育虚假，教育者以自身的诚实一方面消解着虚假教育的负面影响，另一方面又以诚实培养着诚实。言行一致，表里如一，自己不相信的绝不教给学生，勇于向学生承认自己的过失，这应当成为教育工作者起码的职业道德。

向学生学习，就是还教师以真实，给教育以诚实。当我们在学生面前不再是“神”而还原为质朴、真诚但不乏缺点的人时，学生更会把我们当作可以信任、可以亲近的朋友，而朋友般平等的感情，无疑是教育成功的前提。

教育者对自己错误的真诚追悔和对高尚人格的不懈追求，将感染、激励着学生在人生的道路上不断战胜自我，一步步走向卓越。

教育是心灵的艺术。这个“心灵”既是指教师的心灵，也是指学生的心灵。从某种意义上讲，教育是师生心灵的和谐共振，是互相感染、互相影响、互相欣赏的精神创造过程。它是心灵对心灵的感受，心灵对心灵的理解，心灵对心灵的耕耘，心灵对心灵的创造。

有体罚的教育，是畸形的教育；没有惩罚的教育，不是完整的教育。靠体罚来教育，是教师的无能；善用惩罚，是教师的智慧。

对于一个具体的孩子来说，“教育”意味着什么呢？我认为，首先意味着让孩子成为一个现在就感到快乐的人。这个“快乐”显然主要不是指孩子吃得好、穿得好，甚至也不仅仅是他成才以后将来谋得一份好职业以便过上好日子，而是让孩子在受教育的过程中，不仅充分体验到求知的快乐、思考的快乐、创造的快乐、成功的快乐，而且还充分体验到纯真友谊的快乐，温暖集体的快乐，野外嬉戏的快乐……少年天性被纵情释放、青春的激情被随意挥洒的快乐……

教育，请把童年还给童年。

让学生也参与学校、班级的管理

素质教育就是个性教育：面对每一个具体的学生，根据其个性进行教育，以最大程度地挖掘并发挥其潜能；素质教育是人格教育：教会学生做人，以健全的人格迎接未来人生的挑战；素质教育是教育民主：尊重孩子的心灵世界，不以教育者的思想去剥夺孩子的思想，不以教育者的情感去取代孩子的情感；素质教育是无处不在而又润物细无声的教育：学校、家庭、社会无一不是素质教育的“课堂”，教师、家长乃至孩子本人无一不是素质教育的实践者……这些对素质教育的理解也许并不全面，但无疑道出了素质教育的某些精髓。这些理解很朴素，但最深刻的往往正是最朴素的。

朴素最美关注人性做真教育，
幸福至上享受童心当好老师。

按我的理解，机智更多的是属于一种技巧，而这种技巧必须注入一种教育人文精神才会富有生命。换句话说，离开了师生之间心心相印的感情交融，任何“技巧”都不过是教师的“小聪明”罢了。人们常说教育是一门艺术，但一些教育者往往把这种艺术仅仅理解成一种纯技巧的东西。其实，教育艺术就是心灵的艺术，它对教育者的要求首先不是技艺，而是对每一个学生由衷的热爱和尊重。

教育要充满情感

◇ 1999年在成都石室中学工作时，和学生在望江楼公园

是的，教育需要方法，需要技巧，需要智慧……一句话，教育需要机智，但教育绝不仅仅是技术层面的事，它首先是一种“心心相印的活动”。教育机智之树必须根植于教育民主这片肥沃的土地上才会枝繁叶茂。唯有我们拥有了心灵对心灵的尊重，我们才会具备明察秋毫的教育敏感、情不自禁的教育本能和化险为夷的教育智慧。于是，教育者所期待的“最佳教育时机”将随处可见，并且常常不期而至。

教育良知

所谓德育，在某种意义上就是用道德培养道德，用心灵赢得心灵。决不欺骗学生——哪怕是无意的欺骗，这是我们最起码的教育良心，也是我们教育者的信心所在，更是我们德育的力量所在！

无论如何，我们不能以牺牲学生的尊严、剥夺学生的权利、伤害学生的心灵乃至肉体去换取所谓“教育的成功”。

教育本身包含惩罚的因素。教育，不仅意味着提高人的道德水平和知识能力水平，同时意味着按文明社会与他人交往的准则规范人的行为，即通常所说的“养成教育”。这种“养成教育”带有某种强制性——这种养成良好文明习惯的“强制性”与我们现在反对的思想专制不是一回事。作为社会人，不遵循起码的公共规则与秩序是很难与人交往的。同时，在一个集体中，一个人违纪必然妨碍其他更多的人学习。为了尊重多数人学习的权利，有时不得不暂时“剥夺”个别人的学习权利，也就是说，必须予以必要的惩罚。

◇2012年4月12日，在北京“从教三十周年研讨会”上

“没有教不好的学生，只有不会教的老师。”不能简单地说这句话对不对。如果这是教师的自励，我对这样的教师表达十二分的崇敬；如果有人以此苛求教师，我对这样的苛求者表示十二万分的遗憾，甚至反感！无论怎样强调教育者的责任心，都不能堕入“教育万能”的泥潭。

就宏观的培养目标而言，我们的教育指导思想当然应该统一，而且作为教育者，我们也应该给学生的人生以正确的导向。但这并不意味着我们要在一切方面以教育的名义剥夺学生的个性。

一个真正而真诚的教育者，他无论是“德育”，还是“教学”，只要遵循教育规律，尊重教育科学，满怀教育良知，坚守教育理想，最后他都会走向“自我教育”的殿堂。

教育研究，之所以与一般的自然科学研究不同，在于它更多的关注不是因果，不是规律，不是物性，而是价值，是精神，是人性。教育学研究的教育现象，不是精确的而是模糊的。在教育实践中，教育者和被教育者的关系不是人与物的关系，而是人与人的关系，准确地说，教育者和被教育者已经融为一个整体。

学校当然要办好，但这不是“对外”的为了什么“品牌”、什么“市场”，而是“对内”的为了我们每天面对的孩子！只要孩子在学校能够享受每一个老师的爱，只要孩子能够喜欢每一堂课，并且真正获得全面发展，学校没有“特色”、没有“品牌”、没有“市场”，又有什么关系？

◇2011年7月，在草原

我始终认为，不必将每次组织学生外出郊游都赋予什么“教育功能”，我们不能把教育功能庸俗化，别总是希望每一次野外活动都应有“教育意义”。在许多教育者看来，似乎每一次组织学生外出，都要有一个“名分”，比如不能叫“玩儿”，而必须叫作“活动”——“综合实践活动”“参观考察活动”等。似乎叫“玩儿”，就不那么光彩，不那么理直气壮。其实不必贴上各种各样冠冕堂皇的教育标签。从某种意义上说，对自然的接近、对自然美的感受，视野的拓展，胸襟的开阔，就是教育。

◇2001年11月，参观陶行知博物馆

“深刻的思想”并非是评判教育的唯一尺度。深刻也好，有思想也罢，对教育而言都非常重要，也可以作为评判教育品质的一个尺度。这用不着我来强调。我现在想强调的是，我们的教育所缺乏或忽视的要素，那就是情趣，是浪漫，是感动，是诗意，是真，是善，是美。

我越来越认为，对于教育来说，最最重要的，不是“前沿理论”，不是“科学理念”，也不是什么“国际视野”，或这样那样的“先进模式”，而是良知，是人性，是博爱，是教育者应有的人道主义情怀！

从某种意义上说，所谓教育必须体现于教育公正，而教育公正对普通老师来说，更多的是在课堂上对每个孩子的关注、信任、唤醒、引领与提升！如果我们的课堂只有少数几个“优生”发言，那么无论多么热闹，都谈不上平等与公正。只有让每一个孩子的脸上都绽放出笑容，让每一双眼睛都闪烁着求知的光芒，我们的教育才算是真正落到了实处。

“办人民满意的教育”，应该具体落实到“办孩子满意的教育”；而“办孩子满意的教育”，又应该落实在“办适合每一个孩子的教育”。我们教育的出发点和落脚点，都应该在孩子身上——他们现在成长的快乐，他们今后生活的幸福……这些都取决于我们每一天的教育。

教育的使命在于塑造美好的人性，进而建设美好的社会。人的完整性首先是建立在善的基础之上的。人应该是完整的，包括他自己个性的完整性；让每一个人成为他自己——一个完整的自己，这才是教育的最高境界。

一个“孩子”，一个“日子”，就是教育；呵护每一个孩子，善待每一个日子，就是教育的全部。在呵护孩子的每一个日子里，有多少故事发生啊！做一个有故事的老师，就是教育的幸福。

正视并尊重孩子之间的差距和差别，符合每一个孩子特点的教育，就是好教育。

做教育首先是做良知。每个人只有一次生命，孩子只有一次青春，如果我们的教育没有让孩子生命更加活泼，青春更加绚丽，我们会寝食难安，心受煎熬。对于教育者来说，满足孩子的个性发展，帮助每个孩子找到自己，成为最好的自己，是最大的功德；办适合每一个孩子的教育，让他们享受成长的快乐，是最大的良知。

让教育适合每一个孩子

尊重与引领，是教育过程中不可缺少的原则。不因“尊重”而放任自流，不因“引领”而变相专制，教育就在这二者的和谐统一中显出了智慧。

新教育实质上是给孩子一个充满诗意的童年，让学生懂得并学会“抒情”。新教育就是要给孩子一个饱满的、充盈的情感世界，让他们的童年和诗相伴，让他们懂得并学会“抒情”！我们做新教育，无非就是培养具有“书卷气”的人。现在一年级的孩子，六年后上了中学，不管他是在什么中学就读，与班上其他小学毕业的孩子相比，他的视野要开阔一些，他比别人要更敏锐，更容易感动，也更容易心潮起伏，这就是我们所说的具有丰富精神世界的完整的人。因为他在小学时曾经享受过新教育生活。

我们做新教育，不仅是给孩子一种诗意生活，而且是给我们自己一种诗意生活。我们不但要通过新教育给孩子以积极的影响和改变，而且还要追求对我们自己有什么影响和改变。也就是说，新教育首先应该改变我们。

新教育的抓手就是教师成长。成长即幸福。当绩效工资无法改变，工作环境无法改变，教育对象无法改变，我们唯一能够改变的是我们自己的精神状态。通过新教育，我们能够体验到职业幸福，虽然很忙碌，可是很充实。唉声叹气是一天，喜笑颜开也是一天，我们究竟选择什么呢？当然是后者。

我们的德育要根据学生的心灵需要，根据他们的成长需要，为孩子提供服务。要给学生留下三年温馨浪漫、充满人性的记忆！

从某种意义上说，教育就是为每一个孩子提供其发展的多种可能性。孩子们抓住了某种可能性，便可能改变其一生。而人生发展的“门票”是不会过期的，只要开始，便永远不晚。

◇2004年11月，和苏霍姆林斯卡娅交谈

教育种种急功近利的现象，虽然并不都直接表现在孩子身上，但最终的受害者却是孩子。因为急功近利，孩子不能接受符合教育发展特点、也符合儿童生长规律的教育，最后贻误终生。从这个意义上说，急功近利与教育是水火不容的，乃教育的天敌！

教育不是那么简单的，因为“人”——也就是我们每天面对的一个个孩子，真的不是能够那么简单地“归类”的。每一个人都是一个独特的世界。但多少本来富有灵性并有着绝不雷同于他人的、具有潜质的孩子，被我们简单化的“这样规律”“那样原则”毁了呀！

老老实实地做教育，安安静静地办学校，朴朴素素地做教师，就挺好了。是不是“率先创新”“第一个提出”“填补了国内空白”……真的不重要。

在这个喧嚣而浮躁的时代，我所做的一切都是让教育回到朴素的起点，遵循教育常识，面对我们眼前的一个又一个孩子，坚守良知。我知道我的这些声音，很多人不爱听，我也不可能改变别人的看法和做法。没关系，我从来没有想过要改变世界，我只是努力不让世界改变我。不忘初心，做一点算一点，做多少算多少。仅此而已。

所谓好教育，就是“既有意义，又有意思”的教育。“有意义”是站在教育者的角度说的，我们的责任、使命、理想，我们的教育目的，我们所要传递给学生的真善美品质，还有要培养的公民意识与创造精神，以及要点燃的思想火花和要拓宽的海洋般开阔的胸襟与视野……“有意思”是站在孩子们的角度说的，情趣，浪漫，好玩儿，妙趣横生，其乐融融，心花怒放，欢呼雀跃，灵魂激荡，泪流满面——或是教室里老师讲的一个跌宕起伏而又感人肺腑的故事，或是师生之间在田野上的追逐以及让风筝在蓝天写诗……如果我们的教育只“有意义”，那教育便成了空洞乏味的说教；如果我们的教育只“有意思”，那教育便成了浅薄低俗的娱乐。而既有意义又有意思的教育，才是完整而完美的教育。

教育在不同学校应有不同的主题

所谓教育公平，有时候恰恰是差别化对待，因为孩子是各不相同的，基础不同，资质不同，性格不同，等等。如果“一刀切”的教学，看似公平，但恰恰不公平。因此，在教育、教学的过程中，个性化、差别化地对待不同特点的孩子，大到让不同的孩子有不同的课程选择，小到有针对性地个别辅导，都是教师能够做到的教育公平。

按学生的个性，将学生组合为不同特色的“实验班”，真正让教育适合于每一个孩子，让所有孩子都学有所乐、学有所得，这有什么不好呢？“一刀切”“一锅煮”的教育绝不是“教育公平”，而“因材施教”才真正把教育公平落到了实处。

新教育人认为，就教育理念而言，关于“新教育”之“新”，并不是前所未有的“横空出世”，而是返璞归真和与时俱进。也就是说，今天所进行的“新教育实验”，是让教育回到起点，将过去无数教育家所憧憬的教育理想变成现实；但也不完全是一成不变的“复古”，而是根据当今时代的需要将有关理念赋予了新的含义并有了一些新的做法。

我理解的“新教育实验”，就是点燃教师理想与激情的教育，是唤醒孩子梦想与创造的教育，是让教育生活充满诗情画意的教育，是充满人性的教育，是给孩子和教师自己的未来留下温馨记忆的教育。

新教育能够提升学校的形象，但我们做教育不是做给别人看的“形象”，而是为了我们和我们的孩子。我们搞新教育，不是为了“对外”做给别人看，而是“对内”为了我们自己的心灵，为了我们的幸福。这和学校是不是“品牌学校”没有关系。

新教育的教师有着高度的职业认同。所谓职业认同，通俗而简单地说，就是把教育当作自己的事，是与自己生命融为一体的事。教育，不是外在的强迫，而是自己的选择；不是为别人做，而是为自己做。

新教育实验所追求的教育幸福应该是完整的，而不是单一的、片面的、被割裂的：既有帮助学生求知的幸福，也有引领他们全面而快乐成长的幸福；既有看到学生成长的幸福，也有教师自己成长的幸福；既有教学目标实现的幸福，也有教育过程的幸福；既有课堂上和孩子心灵对话的幸福，也有课余开发课程、写作记录乃至出版著作的幸福；既有今天享受教育时光而怦然心动的幸福，也有明天回眸教育人生而热泪盈眶的幸福……

有人担心参加新教育实验会“很累”。是的，进行新教育实验，做的事情肯定比过去多了，但这是自己对“过一种幸福完整的教育生活”的主动选择与积极追求。这正是激情被点燃，梦想被唤醒，视野被拓宽，潜能被激发……无数新教育人沉醉其中，感到的只有幸福。你说，这叫“累”吗？

新教育实验的“完美教室”之“教室”，显然已经不同于我们一般所说的物理意义上的教学空间。“教室”在这里是一种借代，代指班级；或者说是一种象征，象征着一群人共同生活的一段历程。缔造“完美教室”，强调的是一种班级文化的建设，一种高尚精神的滋养，一种幸福完整的生活。

◇2001年，师从朱永新先生读博

“研发卓越课程”是新教育的十大行动之一。在这里，“卓越课程”的意思不是“完美的课程”，更不是“无懈可击的课程”，而是“为儿童未来走向卓越而准备的课程”。现有的传统课程，本来也应该是为孩子全面发展而设置的，但在“应试教育”占主导的今天，孩子的发展越来越“畸形”。而儿童课程的开发，就是为了让他们的触觉更加灵敏，想象更加奇妙，心灵更加丰富，情感更加充沛，视野更加开阔，意志更加坚韧，思想更加自由……最终成为一个卓越的人！

开放的课堂氛围

◇2004年11月，凝望苏霍姆林斯基

我们做新教育不是为了“彰显特色”，不是为了“打造品牌”，也不是为了“提升形象”“扩大影响”，而是为了我们每天面对的孩子的未来，为了我们自己的职业幸福。所以，一切形式主义的“装潢门面”都是新教育的死敌；一切与教师和孩子成长幸福没有联系的“新教育”都不是真正的新教育。当然，新教育真正做好了，“特色”“品牌”“形象”“影响”自然而然会“不请自到”，但这是一种意外的收获。如果有，当然好，即使没有也不要紧。

◇2006年4月，在课堂

教育是一种心灵的感染，也是一种唤醒。真正的教育是自我教育，也就是说，只有在内心被唤醒后，教育行为才真正有效。新教育是寻找一群尺码相同的人自愿同行。校长可以动员，可以激励，但不可以强迫任何人。否则，新教育就容易成为“假教育”。

研究并发现每个孩子的特点和潜力，使其享受求知欲和成长的快乐，就是新教育的起点；唤醒并发展他们的潜能，帮助他们成为最好的自己，拥有幸福而完整的人生，就是新教育的终点。

现在，教育的各种“新概念”层出不穷。一味地给“教育”贴上各种“标签”，甚至将“标签”升格为“招牌”，这让“教育”越来越沉重，也越来越弱化了。过分热衷甚至迷恋给教育“穿靴戴帽”，而且“靴帽”满天飞，人们看到的只是“帽子”和“靴子”，忘记了“头”和“脚”。我想说的是，口号震天，标签乱贴，眼花缭乱，琳琅满目，最后人们记住的是“教育”前面那个概念，而“教育”本身没了。只有更多的教育标签被撕下之后，我们才能真正看到教育。

七 教育写作

用笔记录我的教育故事，已经成为我生活不可分割的内容。

教育理念可以被朴实地阐释。理念与深奥的术语没有必然联系，与“宏大叙事”也没有必然联系。所谓“教育理念”无非就是隐藏在教育行为背后的指导思想，这种指导思想人人都有，而并非教育专家所垄断。比如，课堂上学生发言时，发言的学生是背对同学面向老师说话，还是转过身去面对全班同学说话，这个教育细节就反映了教师课堂教学的不同理念。所以，理念并不神秘，因而对教育理念的阐述完全可以也应该是平易、通俗的，就像平时老师们在教研组讨论聊天一样。“教，是为了达到不需要教。”叶圣陶先生这句大白话所揭示的教育理念以及它所产生的影响，胜过多少博士论文？

教育者的写作决不仅仅是单纯的写作，实践是它的源泉，阅读是它的基础，思考是它的灵魂。特别是思考，对于教师来说尤为重要，因为任何一位教育者都应该是一位思考者。而教师的写作，便是教育思考很重要的途径。

教育与文学共进，思想与激情同飞。教育和文学给了我双重的回报——文学为我的教育事业插上了翅膀，同时，教育正在圆我的文学梦。

朴实，诗意，形象，激情——我们追求这样的教育实践，也追求这样的教育表达。

◇1983年，伏案写作

◇1994年，备课

教育情感可以诗意地抒发。教育研究和教育实践都不纯粹是自然科学式的操作，它更带有强烈的人文色彩。因此，如果说在自然科学的研究过程中，研究者要保持自己与研究对象的距离，避免主观情感以保证结论客观性的话，那么，教育研究则恰恰相反，教育者与教育对象应该是融为一体的，其间感情的流淌、诗意的飞扬，正是我们追求的一种教育境界。因此，教育论著完全可以让真情实感像泉水一样自然而然地奔涌流淌。苏霍姆林斯基说："教育，这首先是人学。"而作为"人学"的教育，离开了人的情感就失去了生命。因此，在教育论著中诗意地抒发我们对教育的热爱、牵挂、忠贞不渝、一往情深，是再自然不过的事了。

教育过程可以形象地叙述。教育者的智慧更多的是体现在教育过程之中，具体地说，就是体现在故事中。因此，“讲故事”也是一种教育感悟的表达方式。在教育家马卡连柯所有的教育论著中，最著名、最有影响的是那本《教育诗》。在一个个有血有肉、栩栩如生的人物形象中，在一个个跌宕起伏、曲折动人的故事里，教育家的教育思想、教育机智、教育技巧、教育情感……都在其中了。对于一线老师来讲，坚持写教育日记、教育手记，哪怕仅仅是记载自己每一天的教育故事都是很有意义的。如此坚持三年、五年，任何一个普通教师都可以成为真正的教育能手乃至教育专家。

普通教师也可以成长为教育专家

教育现象可以激情地评说。教育者应该是性情中人，各种教育现象都会在他的心中掀起波澜，孕思考于胸中，遣激情于笔端，指点教育，激扬文字，敏锐而犀利，从容不迫而又掷地有声。评论教育当然首先需要有严肃冷静的态度，但这与火热的情怀并不矛盾。理性共激情一色，严谨与热诚同飞。那种追求四平八稳、貌似客观中庸而实则不知所云的所谓“教育评论”与文字垃圾无异。“铁肩担道义，妙手著文章。”义正词严而不谩骂，真诚赞美而不虚夸；酣畅淋漓一泻千里，嬉笑怒骂皆成文章！

将教育的事一篇一篇写下去

◇2014年6月，在学生毕业晚会上

教育写作并不是像有的人想象的那么困难。忠于每一天的教育现场——真实的人物、故事、细节、环境、气氛、成功、挫折等，同时也忠于每一天的教育感悟——真诚的反思、剖析、体味、感动、喜悦、困惑、焦虑等，这使我从教三十多年来数百万字的教育日记所记录的无数个“生活横截面”，成了一部部波澜起伏乃至扣人心弦的“青春诗剧”！我的学生们也为能够“出演”这样精彩的“诗剧”而自豪。

用文字记录自己和学生每一天的成长，实在是一件非常有意思的事！你想想，夜深人静的时候，我一边回忆着当天发生的事，一边用键盘将事情一个字一个字地敲下来，清脆的键盘声宛如生命时钟的秒针在“嘀嗒嘀嗒”地舞蹈，同时我也真切地感受着生命原来是这样有韵有味、有声有色地流过！我和学生那“逝者如斯”的“生命之水”连同无数朵晶莹的“生活浪花”，便因为我的日记而永远地凝固了下来。若干年后，我这些文字，便会回到那一个个阳光灿烂的日子，我会重回青春时代。这，难道不是一件很有意思的事吗？

教育写作要深入浅出

在我看来，写作必然伴随着实践、阅读与思考。它与实践相随，与阅读同行，与思考为伴。我经常给老师们说："只有做得精彩，才能写得精彩！而且通过精彩地写，可以促使我们更精彩地做！"

◇2003年4月，在郑州上公开课

越是学问精深者，其表述学问的语言越是平实。因为学问大家已将知识融会贯通且思维清晰，所以善于把高深的道理转化成大众化的语言。恰恰是那些才学疏浅者，其语言才令人莫名其妙。因为才学有限者往往自己都没有把要说的道理弄明白，思维混乱，所以只好装腔作势，吓唬别人的同时也糊弄自己。

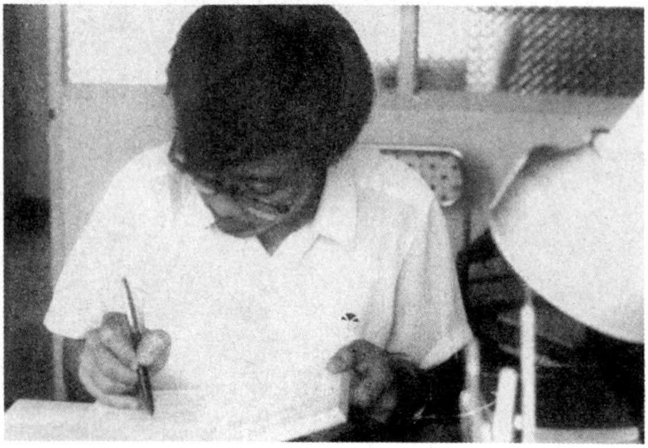

◇1985年，写作

八 教育阅读

应该让阅读成为我们生活的一种形态，或者说成为生命的呈现方式之一。不阅读，无以生。

别冷落了经典！冷落经典，便是遗弃了我们应该继承的颠扑不破的真理。阅读教育经典，就是直接聆听古今中外教育大师不朽的声音，就是请大师们走进我们的心灵，就是让人类共有的教育真理之光照耀着中国今天的教育。

阅读作为一种个性化的心智活动，是不应该被强行统一的。当然，一些经过历史浪涛冲刷的精神产品，应该被一代又一代人传承，可这种传承应该是一种自觉的行为，而非用“必读”的形式来强制。这种自觉的选择，首先应该是建立在尽可能广泛的阅读基础之上，而不仅仅是少数所谓“必读书目”。只有经过自己大脑的比较、鉴别、欣赏、批判，所得到的才是真正的文明精华。

每次读苏霍姆林斯基的著作都会心潮起伏。他的感情真挚而充沛，他的思想朴素而深刻，他的语言平易而精彩。“要培养真正的人！”让每一个从他身边走出去的人都能幸福地度过自己的一生，这就是苏霍姆林斯基的教育追求。仅仅凭这一点，他教育胸襟的博大和教育理想的崇高就远远超出了同时代许多的教育家。

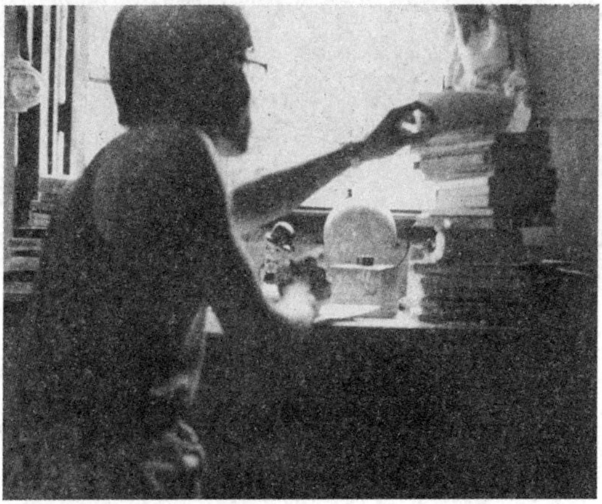

◇1983年，在单身宿舍读书

◇2008年9月，和苏霍姆林斯基的女儿卡娅在帕夫雷什中学植树

人的发展和人的幸福是超越时空的永恒主题。只要人类存在一天，教育就会薪火不灭；而只要教育不消失，苏霍姆林斯基的魅力就不会衰退；只要行囊中有苏霍姆林斯基的著作，我们就永远不会孤独。

我曾对学生说，阅读的境界，是“读到自己，读出问题”。所谓“读到自己”，就是“把自己摆进去”，是欣赏，是联想，是共鸣，是审美。所谓“读出问题”，就是不断地发现问题，是思考，是质疑，是研究，是批判。

真正学识渊博的人，是不会随时标榜自己“博览群书”的，更不会在谈吐或写作时“掉书袋”。把阅读汇入灵魂、融入生活的人，是没有阅读痕迹的。

◇1998年11月，和苏霍姆林斯卡娅一起登长城

我一直认为，读书应该是一件让人快乐的事，当然，这里的快乐不是浅薄的开心，也包括思考的幸福。但有的书就是存心不让读者读明白的，你怎么思考脑子里都是糨糊，怎么办？很简单，不读就是了。现在有的“专家”的书是硬着头皮写的，读者当然只能硬着头皮读。老师们不要因此而怀疑自己的智商，不要自卑。既然那些书我们读不懂，那不读就是了，我们找能够读懂的书来读！

◇1983年，读书

一个人的阅读，无疑打上了他个性的烙印。职业特点、性格倾向、兴趣爱好、生活阅历、朋友影响……都会让自己的阅读成为不可复制的“这一个”。以自己的眼光为标准去衡量别人的阅读，是可笑的。因此，每一个人也不应该因为别人没有读过自己读过的书，而鄙薄别人。

从来就没有什么“必读书”。你凭什么要我必读？是的，任何一个从业者，都必须拥有相关的知识背景，或者说必须通过阅读拥有某些知识，甚至作为一个有充实灵魂的人，也必须阅读人类共有的精神产品。但是，必须拥有知识，不等于必须读某一本书。同样的知识，书却可以有很多选择。推荐是可以的，甚至是必要的，但不可动辄便说“必读”。

阅读的理解是相对和绝对的统一：相对之中有绝对，确定之中有不确定性，差异之中有同一性。理解者之间当然有差异，正如世界上没有完全相同的两片树叶，但世界上也没有完全不相同的树叶一样，理解没有完全一样的，但理解也没有完全不一样的。每一个读者理解到的“哈姆雷特”都是原作的部分意义与前面读者理解结合的产物，属于相对理解；但一千个“哈姆雷特”中把握到的原作意义（亦即对原作理解一致的部分）的总和，便是绝对理解。

教育阅读伴随着实践、思考与写作

“有用”的阅读是需要的，所谓“学以致用”。但还应该有“没用”的阅读——这里的“有用”“没用”当然是就眼前的“急功近利”而言。教师，作为人类精神文明的传承者，除了认真阅读教育教学专业书，能不能读一些与教育教学无关的书，如政治、哲学、经济、历史、文学等方面的书？

有人买书比读书积极。满屋的书不一定读，装饰而已。有人没有书房，却通过各种渠道博览群书。所谓“书非借不能读也”。

其实，书房的大小和学问的多少没有直接关系，但作为一个教师，一定要有自己的藏书。一个人的藏书，就是他的视野。

◇2012年，在家里书房

◇2018年10月，俄罗斯演讲

特别赞同鲁巴金这句话：“读书是在别人思想的帮助下，建立起自己的思想。”的确，阅读的目的，不是用别人的知识塞满自己的大脑，更不是任别人的意志主宰自己的精神，而是让智慧荡涤灵魂，用文明点燃思想，让自己拥有辽阔澄明的胸襟和一颗自由飞翔的——心！

说到底，阅读是一种人生态度。我们怎么看待自己的人生，怎么度过自己的人生，都和阅读有关。我们想做一个心态从容、气质优雅、精神丰盈的人，就要阅读。

不要抱着功利的想法去阅读，企图从书中找到具体的“绝招”，这不可能。任何经验和技巧，都是在特定情境下才会有作用。换句话说，任何一个老师采用的方法，都和他的生活经验、人生阅历、知识结构、性格气质、学生特点等有关。我们读别人的书，更多的是汲取思想、精神、原则，并同自己的实际相联系，获得启迪，产生新的属于你自己的智慧。

阅读经典就是同大师对话。在这个物欲横流的时代，我们要守住自己朴素的教育心，很多时候靠的就是走进人类大师的心灵，用高尚的精神抚慰我们随时都可能浮躁的心。

教师不应该只读专业的书，还应该读非专业的书。如果大体要说个比例的话，对本专业书的阅读，只占他阅读量的百分之二十；对教育学和心理学著作的阅读，占阅读量的百分之三十；而人文阅读，比如历史的、哲学的、文学的、经济的……应该占到百分之五十。

现在教育最令人忧虑的现象之一，是教书人不读书。

不爱读书的老师总以“太忙，没有时间”为借口。其实，任何一件事，只要是你的内在需要，并养成了习惯，再忙都有时间去做，或者说永远会有时间。

阅读是一件非常个性化的事。读什么书、怎样读，这都和阅读者的兴趣、性格、气质、环境、经历、职业等因素有很大的关系。总之是因人而异，没有什么“公式”可套的。

◇2011年冬天，在办公室

在我看来，阅读究竟有没有用，取决于阅读者是否把好书化作了自己的灵魂。这里所说的“化作了自己的灵魂”，不是用别人取代自己的思想，不是所谓“让自己的大脑成为别人思想的跑马场”，而是经过吸收消化后内化为自己的东西。

阅读这种行为，对自己的教育有什么具体的意义或者对自己的课堂设计有什么直接的作用，也许我说不上来；但阅读让我的思想丰富起来，视野也变得开阔起来，或者说让我看这个世界、看周围的人，多了一双“眼睛”。

⑨ 学校管理

千万不可为特色而特色，更不可为了所谓"品牌"而急功近利。一个学校，有特色、有品牌固然好，但如果孩子快乐、教师幸福，暂时没有特色、没有品牌也不要紧。

让管理充满人性，核心是对教师的信任与尊重。尽管现在高喊“以人为本”的校长也不少，但有的校长往往只把“以人为本”作为对教师的要求，而恰恰忘记了教师也是人。君不见，有的校长把学校当成自己的私人庄园或者是自己投资开办的企业，动辄以“下岗”来威胁老师；他们要求教师对学生要尊重要有爱心，可他们对老师却既不尊重更没有爱心。现在社会上对不正常的师生关系提出了许多批评，而我认为，不正常的师生关系往往是不正常的校长和教师关系的延伸。没有平等民主的校长与教师关系，要想有平等民主的师生关系，无异于水中捞月。

只有校长以教师为本，教师才会以学生为本

学校教育主要体现在三个层面：一是课堂的教学，主要表现为对学生学习能力的尊重与引领。通过“导学稿”和“小组合作学习”的有机结合，把教师教的过程变成学生学的过程，把学习的权利还给学生，让学生成为课堂的主人。二是班级的教育，主要表现为对学生精神世界的尊重与引领，把成长的主动权还给学生，指导学生在自我教育和自我管理中走向成熟，让他们成长为人格高尚、个性鲜明、精神自由、举止文明的现代公民。三是学校的管理，主要表现为对教师发展能力和动力的尊重与引领，通过文化建设和制度设计，尽可能给教师自我培养的空间，让教师成为自己成长和学校发展的主人。

什么叫“教育科研”？我经常跟老师们这样说：“带着一颗思考的大脑从事每一天平凡的工作，就是教育科研。”我还说：“把难题当课题，是最真实也最有价值的教育科研！”教育科研不是做给谁看的，而是我们教育本身的需要，或者它就是教育本身。

◇1995年12月，和学生在公园

课题从何而来？我认为，教育科研应该目光向下，对准课堂，对准心灵。“目光向下”就是不要从文件中找课题，不要从领导的讲话中找课题，而应该从我们的教育实践中找课题。教育科研需要理论指导，但千万不要追逐理论时髦，不要追逐时尚。我说教育科研要“对准课堂，对准心灵”，就是要把每一天的教育实践都当作教育科研。

◇2007年8月，在学校的马克思语录碑前

教育科研得不得奖不是最重要的，重要的是改变学生，提升教师，发展学校。在改变学生的过程中，提升教师，而学生改变了，教师提升了，学校自然发展了。学生的改变，教师的提升，学校的发展，就是我们的教育科研成果。

作为校长，我的愿望就是让我们学校还不优秀的老师变得优秀，已经优秀的老师变得卓越。不管是“优秀”，还是“卓越”，首先要“幸福”！那么什么叫“幸福”呢？这里的“幸福”，在我看来至少有三个含义：一是有标准不算太高但比较体面的物质生活；二是有课堂教学、班主任工作的成就感；三是在教育过程中，能够体验到超越物质与功利的精神享受。

一个优秀的校长，一刻也不要忘记自己同时是一个教师。要多站在老师的角度上去思考问题，多想想自己当普通教师时对校长的期待——当初自己最反感校长做什么，现在就尽量避免；当初自己最喜欢怎样的校长，现在就尽量去做那样的校长。

◇2012年，在马来西亚讲学

不可否认，任何一个学校都难免有个别不通情理或素质不高的人，但校长是否能够因为个别人有这样或那样的问题，便对所有老师不信任呢？校长对教师说得最多的话，就是要信任学生，可是校长信任老师吗？管理在某种意义上说就是一种感染——校长的感染也是一种有效的管理，因此，没有对教师信任的校长，就很难有对学生信任的教师。

只有校长无限地相信教师，教师才可能无限地相信学生！

只有把教师当伙伴、当朋友，和教师建立一种真诚信任、互相理解的平等的关系，校长才能真正实现有效的管理。多和老师商量，多听取老师的建议，善于和老师妥协，勇于承认自己的失误并及时修正错误，让每一位老师都有一种被信任的尊严感，同时对校长也充满信任和理解——如果干群之间形成了这样的关系，如果一个学校形成了这样的风气，即使有个别不太讲理的人，也不会有“市场”。这样，校长快乐，教师温馨，学校必然和谐而充满勃勃生机。

本色比特色更美丽，品位比品牌更珍贵，过程比结果更快乐，幸福比优秀更重要。

我把教师的成长作为我当校长成功的唯一标志时，我是从校长管理的角度来说的，因为只有培养了教师，才能培养学生；没有成长的教师，就没有成长的学生。我们现在经常说“以人为本”，在校长眼中，这里的“人”首先是教师，其次才是学生。只有校长以教师的成长为本，教师才能以学生的成长为本。

◇2007年，在武侯实验中学工作时

现在好多人一提起“成都市武侯实验中学”，都会自然而然想到：“哦，那个学校有李镇西。”我真诚希望，几年后人们再提起“成都市武侯实验中学”的时候，会想到：那个学校不仅仅有李镇西，还有潘玉婷、张清珍、郭继红、胡成、许忠应、唐燕、蒋长玲、刘朝生、胡鉴等一大批名师！我知道，一个学校的名师毕竟是少数，但是，挑战自己，潜心课堂，不只是让少数名师脱颖而出，还要让更多的年轻教师成长起来，成为孩子由衷爱戴的老师，成为我们学校的“名片”。这正是我做校长的梦想与追求。

◇ 2007年，和武侯实验中学的老师在龙泉山

我要让我校的普通老师成为学校的“名片”，我愿意担任这“名片”的制作者。

学校的办学特色，应该是在学校管理、课程设置、教学模式、文化传统等方面表现出与众不同的风格、个性或独特性，而绝不仅仅是开了某一项选修课或课外活动，更不是提出了一个别人没有说过的“概念”。

对校长来说，我觉得最好的学习，还是实践，在游泳中学会游泳。作为校长，每天向老师们学习，我觉得是最好的“校长培训”。

最好的教育莫过于感染，
最好的管理莫过于示范。

让每一个人都觉得自己很重要，也是“以人为本”理念的体现。所谓“让每一个人都觉得自己很重要，首要的含义是，面对学校的发展，每一个人都有同等关注和参与的权利，也就是说，哪怕是具体到一个小小的建议，无论是校长还是老师，无论是职员还是学生，甚至学生家长，权利是平等的，用通俗的话来说，就是说话都是同样有分量的。

校长与教师之间要相互合作

帮助教师成长，满足他们成功的愿望，这是最大的人文关怀。

尽管我不提倡老师们发牢骚，但客观上这种现象是无法消除的。回想我当老师的时候，不也有发牢骚，甚至埋怨校长的时候吗！这样一想，心里就豁然了。

校长要有雅量

只要管理，就必然会涉及人的行为甚至触及人的利益，且不说我有时候也犯错误，也有做得不好的时候，就算我没有做错，不同的人站在不同的角度，理解也不一样，因此产生意见、误解甚至怨恨，是很自然的。当校长的，一定要有宽广的胸襟，不仅要善待理解自己的老师，更要善待不理解甚至和自己“唱反调”的老师。

好的制度可以让校长在进行管理工作时轻松不少，因为制度和规则凝聚的是大多数老师的智慧。我始终相信，通过一定的程序，制订出绝大多数人都认可的规则，然后人人遵守，这是现代管理的有效形式。这里的规则，实际上就是科学的规章制度。第一，这里的规则，应该让被管理者参与制订，这体现了对人权利的尊重；第二，好的制度应该是让优秀的教师感觉不到制度的存在，而不自觉的教师能处处感到规则的约束。

为每一个孩子办好每一所学校，不仅仅是政府的使命，也是每一位教育者的责任。

我主张校长少听课，多谈心。“少听课”不是不听课——作为内行的校长，听课也是必要的；但我更主张“转课”，通过窗外“转课”，了解课堂气氛，观察师生互动，足够了。“多谈心”就是把听课时间省下来，用于和老师一对一的促膝聊天，聊教学，聊教育，聊读书，聊写作，聊社会，聊人生，聊教师某个值得反思的案例，聊学校管理还有哪些不足，聊教师最需要校长帮助的困难……

我总是提醒自己，一个优秀的校长一刻也不应该忘记自己也曾经是个教师。

我建议各种优秀教师表彰会上，颁奖人由领导改为孩子，就是说，让孩子给老师颁发奖状。这是一种象征，教师的幸福与光荣是孩子们给的，而不是领导给的。只有走近、走进并因此赢得了孩子的心，教师才有来自职业、源于童心的尊严。离开了孩子，教师就不会有真正的荣誉。是的，不必用堆叠的证书来证明教师的成功，每一个教师的光荣，其实就印刻在孩子们对老师温馨而富有人情味的不灭记忆中。

◇2004年，在成都上公开课

校长要最大程度地相信老师，以宽广的胸襟对待每一位老师，包括对自己有意见的老师。

要解放班主任的手脚，就必须科学划定班主任的工作内容。我认为，班主任最基本、最主要的任务就是学生思想教育和班级常规管理，他的权利与责任也只在这个范围之内——所谓“让班主任工作相对纯粹一些”就是这个意思。只有把捆绑四肢的各种无形绳索解开了，班主任才能放开手脚集中精力做真正该做而且富有创造力的事。

应该提倡“个性化的升学”，即不要把所有孩子都往重点大学赶，甚至也不用把所有孩子都往大学赶。要根据他们的个性、特点、兴趣、气质、意愿，或大学，或高职，或技校，因此个性化升学，实质上是个性化就业。当然，这需要全社会观念的转变。

名校之“名”不是来自校名，而是源于校史。校名绝不仅仅是一个名字，它或蕴含着学校的历史传统（老校），或寄托着办学者的教育追求（新校）。如果没有文化内涵，就是取名或改名叫“卢浮宫中学”“秦始皇小学”都没用。请问那些热衷于在校名上傍名校、攀高枝、追洋气、赶时髦的校长，你的文化自信在哪里？

现在的学校就是太喧嚣、太浮躁。今天一拨参观队伍，明天一拨考察队伍，动不动就找媒体来宣传、炒作，来“扩大知名度”。这不是“开放”，这是折腾。在我看来，所谓“开放”，并不只是对外参观，而首先是心灵的开放、思想的开放、视野的开放。心灵的开放，关键词是“自由”；思想的开放，关键词是“解放”；视野的开放，关键词是“天下”。做到了心灵的开放、思想的开放、视野的开放，哪怕就坚守在学校，一样能够胸襟开阔。

校长需要坚守，教师需要笃定。学校不是公园、超市、农贸市场、旅游景点……学校就是学校。学校需要的是积淀，而不是浮躁；校园需要的是内敛，而不是吆喝。让校长回到课堂，让学校恢复朴素。我再次呼唤校园的宁静！

我希望能办一所不刻意追求特色，也不着力打造品牌的学校。不是不要特色，而是不“刻意追求”特色；不是不要品牌，而是不“着力打造”品牌。我认为，特色也好，品牌也好，都是教育实践的水到渠成，学校发展的瓜熟蒂落，自然而然。任何急功近利的“刻意”与“着力”，都可能导致“假特色”和“伪品牌”。

一个学校有没有文化，更多的是看这个学校有没有值得流传下去的故事。而记录这些故事，是我这个校长最乐于做的事；这些故事本身也是我最得意的成果。

当老师时，我做班主任是幸福的；当校长时，我帮助班主任是幸福的。还是我经常说的那句话："老师们的成长就是我的成功。"

◇2018年7月，为学生上退休前的"最后一课"

学校对每一个学生尽到自己应尽的教育责任就完全可以问心无愧。无论学生日后有着怎样的发展——或显赫或暗淡，或伟大或平凡，或高尚或卑劣，或英雄或罪犯……学校和老师都应该保持从容的气度与平和的心态，学校应该有自己的风骨与尊严！

从学校层面来说，开发出不同的课程以满足不同孩子的需求，尊重每一个孩子的个性，根据不同孩子的不同特点予以“因材施教”，让每一个孩子都能实现他能够达到的最好发展，是最重要的教育公平。

课程的目的最终是为了孩子

◇2006年2月，在新加坡讲学

校长不必以自己的课上得比下属好来证明自己，教师也不必用能够当上校长来证明自己。我们既要思考如何把教师培养成校长——如果这位教师的确有这方面的潜质同时他又愿意的话，还要思考如何让优秀的教师永远是教师，并且越来越优秀，同时也越来越幸福！

学校应该是师生的另一个家园。这个“家园”又意味着什么呢？意味着爱心。每一个老师都发自肺腑地呵护着每一个孩子，每一个孩子都爱戴着老师，老师之间、孩子之间都互相依恋着。意味着人情。真正的教育者应该拥有浓浓的人情味，即使是在他严格要求孩子的眼神里，也能读出最温柔的关切。意味着温馨。每一个教育细节都闪烁着暖暖的阳光，无论表扬还是批评，都充满着人性的温度。意味着安全。没有恐惧的校园和教室，让孩子什么悄悄话都愿意跟老师说，信任与宽容让彼此之间的心灵没有距离。意味着责任。无论老师还是孩子，既是温暖的享受者，也是温暖的提供者。“让人们因我的存在而感到幸福。”意味着自由。家园也是乐园，儿童的大脑、双手、眼睛、嘴，还有时间和空间都得到极大的解放。意味着舒展。心灵飞翔，个性张扬，情感流淌，思想燃烧，创造的阳光洒满刚刚启程的人生……

校长应该是教育教学的内行，课堂教学能够比教师强当然更好——实际上我们很多校长正是靠精湛的教学技艺和出色的教学质量而成长为校长的，但不一定所有校长的教学能力都非要和特级教师相当。校长这个岗位本身就有其专业性，这个专业性不完全是教学能力，而远比教学能力更丰富。如果校长在综合管理素养上称职，而可能（我说的是“可能”）在其中的“教学能力”上略低于一个优秀的教师，我认为这不妨碍他成为一个好校长。

茫茫人海，悠悠岁月。我们偶然来到这个世界，偶然来到这个学校，延续着前人的历史且继续创造着历史，几十年后我们又走进历史。前人会怎样期待我们？后人会怎样审视我们？天地之间，我们每一个人都是匆匆过客，但当我们的生命流淌进“武侯实验中学”的时候，我们给学校留下了什么？这是世世代代武侯实验中学的师生永恒的思考。我的回答是，给学校的未来留下充满人性的温馨记忆。

◇2010年春天，和老师们春游

十 语文教育

要使学生真正扎扎实实地掌握并得心应手地运用语文这一人生的工具，就必须打破语文与生活之间的『厚障壁』，让语文教学与学生心灵相沟通，让语文课堂与社会天地相接壤，使语文教学突破『应试语文』的束缚而成为『生活语文』。

教语文不能就语文论语文，要从教育的高度看语文；搞教育不能就教育谈教育，要从社会的高度看教育。

既然语文教学涉及的是人的精神，那它的教育性是显而易见的，而且这种“教育性”不是外加的，而是语文本身所具有的。因此，仅仅从事语文教学还不是一个合格的语文教师，而全面实施语文“教育”才是语文教师的任务和使命。

◇2005年，在成都盐道街外语学校，把语文课堂搬到了大自然

语文教育，本来应该是最具个性的教育。原因在于：第一，语文教育所借助的载体——文章是人类精神的结晶，通过任何一篇我们所感受到的都是一个独一无二的精神宇宙；第二，感受这些精神宇宙的心灵，就会有自己独一无二的精神宇宙；第三，担任“心灵导航”的语文教师，对语文内容的感受、领悟、解读等，也深深打上了其精神世界独一无二的烙印。因此，有个性的语文教育应该是理所当然的，而没有个性的语文教育倒是不可思议的。

语文教育与生活紧密相连

我追求的“生活语文”可以用两个互相依存、互相补充的命题来表述：“语文教学生活化”和“学生生活语文化”。

所谓“语文教学生活化”，指在实践中包括“语文讲读生活化”“语文训练生活化”和“语文教育生活化”，强调的是教师在传授语文知识和训练语文能力的过程中，自然而然地注入生活内容，进行生活教育，让学生明白“生活与教育是一个东西，不是两个东西（陶行知语）。”在学习语文的同时学习生活并磨砺人生。

所谓“学生生活语文化”，指在实践中包括引导学生“日常生活语文化”“班级生活语文化”和“社会生活语文化”，强调的是学生在教师的引导下，形成“语文是生活的组成部分，生活须臾离不开语文”的观念，并养成事事、时时、处处吸收与运用语文知识，在社会生活中培养语文能力的好习惯。

如果说语文是“工具”，那么我认为不要狭隘地理解这个“工具”，而应该理解为它既是人们日常生活、学习、思想交流、社会交际的工具，也是做人的工具、创造的工具。所以，语文教学的任务，既包括向学生传授语言知识，培养其语文能力，使学生能正确地运用祖国的语言文字；也包括在引导学生理解、掌握语文知识和能力的过程中，培养学生高尚的情操、优良的品质和健康的审美情趣，让学生在提高语文水平的同时，学会认识、改造自己的主观世界和社会、自然等客观世界。

激发创造是语文教育要实现的最佳效果

也许这种“奇怪”的现象不是个别的：有的学生不喜欢上语文课，但在课外却对文学作品情有独钟甚至如痴如醉；有的学生写命题作文一筹莫展或套话连篇，但私下写的日记或随笔却灵气飞扬……这说明了什么？我认为，这说明人的心灵一旦冲破牢笼，必将成为自由飞翔的思想雄鹰或纵横驰骋的感情骏马！因此，所谓语文教育中创造精神的培养，首先是给学生以心灵的自由。

给学生以心灵的自由，就是要让学生在课堂上畅所欲言。特别是在阅读教学的课堂上，教师应该为学生提供一个思想自由的论坛：面对课文，教师和学生之间、学生和学生之间、教师、学生和作者之间应该平等对话；在平等的基础上，交流各自的理解甚至展开思想碰撞。教师当然应该有自己的见解，但这种“见解”只能是一家之言，而不能成为强加给学生、强加给作品的绝对真理。

语文素质教育让学生明白并学会：写作，就是让心泉自然而然地流淌；阅读，就是让思想自由自在地飞翔。

◇2008年秋，和学生在一起

尊重学生，包括尊重学生的思考。真正优秀的教师应该是学生的引路人，也是和学生一起追求新知、探求真理的志同道合者。合作学习的态度，就是平等精神在语文教育中的体现。与学生同志式地探求真理，就应尊重学生发表不同看法的权利，并且提倡学生与教师开展观点争鸣。教师不但应该对每位同学一视同仁，而且还应该在教学中营造一种同学之间也互相尊重、真诚友好、平等相处的氛围。平等只能在平等中培养——今天的教师如何对待学生，明天的学生就会如何去对待他人。

师生关系应该是人与人而非人与物的关系

让学生依据共同制订的规则参与语文教学管理，是语文教育中法治精神的突出体现。学生作为语文学习的主人，其主体性不仅体现在主动学习和积极思考方面，也体现在参与语文教学的管理方面。既然尊重学生，而且承认教师的所有工作从根本上说都应服务于学生，那么，学生对教学就更应有建议、评价与监督的权利。教师没有理由不尊重学生的这个权利。对真正的教育来说，教育者与被教育者的互相监督是理所当然的。

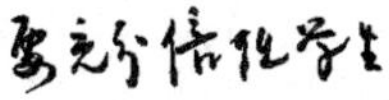

我欣赏“共享式”的语文课堂。面对“美味食物”，师生共同进餐，一道品尝；而且一边吃一边聊各自的感受，共同分享大快朵颐的乐趣。在共享的过程中，教师当然会以自己的行为感染、带动学生，但更多的是和学生平等地享用且平等地交流：他不强迫学生和自己保持相同的“口味”，允许学生对各种“佳肴”做出自己的评价。在愉快地共享中，师生都得到满足，都获得营养。

无论把“语文”理解成“语言文字”“语言文学”还是“语言文化”，其核心都是语言—思维—人的发展的相互作用。而离开了学生富有个性和创见的独立思考，这一切都谈不上！语言的千姿百态反映了思维的丰富多彩，学生在阅读教学过程中的“仁者见仁，智者见智”，正体现了在能力形成和知识运用方面，语文学科不同于其他学科的独特性。

在一些语文课堂中，教师所依次抛出自己所“精心设计”的一个个问题，常常成为学生的思想圈套——正是在教师的一步步提问、学生的一次次回答和教师对学生答案的纠正中，学生成了教师思想的俘虏！学生没有一点个人的创见，教师也不允许学生自己对文本进行富有个性的创造性理解。学生要做的，只是充当教师见解的复述者！这样的课堂教学中当然也有“人”的存在，但这里的“人”只是教师而非学生；而学生的“精神主体”却在教师的“引导”中消失了。因此，教师应该警惕：千万别让课堂成为学生“思想的屠宰场”！

我们不是给学生讲语文，也不是带着学生学语文，而是用自己的语文气质去感染学生。对任何一位优秀的语文教师来说，他讲《背影》，他就是朱自清；他讲《记念刘和珍君》，他就是鲁迅；他讲《在马克思墓前的讲话》，他就是恩格斯……教师本人应该“语文化”，并要自然而然地去“化”学生。

我们的阅读，绝不仅仅是读文字本身，而是通过文字与古今中外的作者进行“对话”——读屈原便是与屈原对话，读鲁迅便是与鲁迅对话……如果这样来理解语文的“交际功能”，我们阅读教学乃至整个语文教育的内涵就要丰富得多，其前景也广阔得多。

◇2005年9月，执教《在烈日和暴雨下》

作文的最高境界绝不仅仅是一个“真”字。我们的引导也不应该仅仅停留于“真与假”的事实判断，而还应有更高层次的“善与恶”“美与丑”的价值导向，引导学生通过作文达到真、善、美和谐统一。

多年的语文教学实践告诉我，当我们的语文教学唯“应试”是从，使学生陷于各种机械的模拟训练之中时，不但学生知识狭窄、能力低下，而且教师所期待的应试成绩也未必如意；而如果我们在语文教学中淡化“应试”观念，强化“生活”意识，严格遵循语文教育科学规律培养学生终身受用的语文素养，学生的应试成绩也会水到渠成般令人欣喜。

◇2014年，在课堂上

时代呼唤着语文教学的“多元化”，而语文教学的“多元化”则呼唤着高素质的语文教师拥有一个辽阔而富有个性的精神空间，即具备一种海纳百川的文化胸襟，一种高屋建瓴的人文视野，一种不畏权势的民主意识，一种独立思考的批判精神……不能想象，一个目光短浅、心灵封闭、观念保守、思维萎缩的人，能够培养出中国未来的脊梁。

◇1988年8月，和学生去原始森林探险

对于人文精神教育而言，其教育的过程首先是一种感染。这种感染，首先要求教育者本人具备人文精神的素养。可以这样说，对于真正具有人文精神的语文教师而言，他的每一堂课，无论是阅读教学还是作文教学或其他内容的教学，都是充满人文精神的教育。因为在这样的课堂上，教师以思想点燃思想，以自由呼唤自由，以平等造就平等，以宽容培养宽容。其次，人文精神教育还意味着发掘诱导学生精神世界中本身潜藏的自由精神。就其本性来说，所有人特别是儿童，都具有自由的天性，包括探索、思考、想象、创造的天性。

◇2004年5月，在新疆讲学

如果离开了对课文语言文字的揣摩品味，只是引导学生大谈“思想”“感情”“精神”，这样的语文课与一堂“思想教育”“情感培养”“精神引导”的班会课如何区别？所以我总觉得，对话也好，分享也好，感情交流也好，思想碰撞也好，都应该以语文为基础。换句话说，语文课还是应该回到语言文字或者说语言文学本身，以此出发，走向人文，走向心灵，走向生活，走向精神。

阅读教学的过程，实际上是教师、学生、作者三方平等“对话”的过程。近年来，已经有不少教师意识到师生之间的平等主体关系，这与过去的“教师单一主体观”相比，无疑是一个很大的进步。但我认为还不够，我们还应该将文本作者纳入阅读过程中的主体行列。当然，作为文本作者的主体有其特殊性，这特殊性表现在他不是“现场主体”，而是隐蔽的或者说没有出场的主体，它可能与我们处于同一时代但不在同一空间，也可能与我们根本就不是同一时代，因而这个主体在阅读过程中是无法言说的，是处于沉默状态的。

教师要解除学生作文的种种心理束缚，告诉他们：真实，是作文的生命；作文就是“我手写我口”！同时，教师更要具备一种宽容的胸襟：对学生作文中积极向上、体现时代主旋律的思想感情，当然要热情鼓励并大力提倡；而对学生作文中流露出来的一些幼稚的想法，甚至消极的情绪，也应当予以理解和尊重，并加以引导。要知道，学生愿意向教师敞开心扉，这是对教师的一种难能可贵的信任啊！所有“真实的消极”都比任何“虚假的积极”珍贵一百倍。

文章是思想感情的自然体现

我对学生的作文要求是八个字："真情实感，随心所欲。"只要真实、健康，学生想写什么就写什么，而且想怎么写就怎么写——可以写真诚的崇高情怀，也可以写有趣的平凡生活；可以写现实的眼前景物，也可以写幻想的未来世界；可以与老师商榷，也可以与大师对话；可以评论经典，也可以改写名篇；可以"大江东去"，也可以"小桥流水"；可以鄙薄蜜蜂，也可以赞美老鼠……总之，学生的文字应该是掠过晴空的云彩，它美丽多姿而又呈现出个性的色彩。

◇2014年秋天，和学生在校园

应该让语文公开课回到常态，而不是表演。师生共同分享、彼此探讨、互相争鸣，课堂上洋溢着浓浓的思想学术气氛。在无拘无束的讨论中，或者是一个学生的演说引起了大家的共鸣，或者是一种观点引起了不同的看法，或者是学生之间的碰撞，或者是学生和老师的辩论……在这样的课堂上，教师的眼前没有“评委”只有学生，教师也不必有一种紧迫感，老惦记着把自己准备的东西匆匆“灌”给学生。在这样的课堂上，教师的所谓“主导作用”只是给学生提供一个自由论坛，或者说只是学生思想大海的推波助澜者——教师适时巧妙地在学生心灵的海洋上掀起一个又一个思维的浪花，同时，教师的心灵也被这些新鲜的浪花所沐浴着……这样质朴、真实、自然的公开课，才真正体现了语文教学的个性。

真实、自然的公开课，才能真正体现语文教师的个性

要让语文课充满灵气与活力，除了要处理好“三个关系”，即“学生、作品和作家的关系”“教师、教案和教材的关系”“生活、读书和上课的关系”外，还有一个关键，就是教师应该让自己成为自己教学的主人——不要成为拜倒在名家脚下的“奴隶”，不要成为演绎教材教参的道具，不要成为某种僵化教学模式的工匠。从某种意义上讲，语文课的灵气与活力不过是语文教师本身的灵气与活力使然；如果教师真正具有思想的灵气与感情的活力，其语文课必然充满灵气与活力。

在探索“以学生为主体”的课堂教学过程中，我越来越认为，教学应该以学生的心灵为起点。这里所说的“以学生的心灵为起点”有三层意思：一是要尊重学生已有的生活体验和认知水平，以此设置教学的“高度”或者说“标尺”；二是在备课时，要把自己当学生去研究思考课文，设想学生在阅读这篇文章时可能会有什么兴奋点或疑难点；三是课堂教学应该从学生的“第一印象”（他们对课文的感悟、评价或者疑难问题）开始。

◇2016年5月，在都江堰上公开课

如果说，写作是任心泉自然而然地流淌；那么，阅读就是让心灵自由自在地飞翔。

不能苛求每一位教师都是思想家，但每一位语文教师至少应该是一个独立的思考者，并珍视自己的思想创新的权利，否则，让一个没有思想创新意识和能力的人去搞语文创新教育，岂非缘木求鱼？

◇ 大学时代

经常看到一些老师写文章谈“如何培养学生的学习兴趣”云云，我就想，孩子的学习兴趣还需要“培养”吗？在我看来，人天生就有好奇心，有探索的欲望，这实际上就是“学习兴趣”。以语文为例，任何一个幼儿，稍微懂事，便开始念儿歌、唱童谣、听妈妈讲故事，再大一些便看连环画小人书……这不都是“语文学习”吗？可为什么进了小学，孩子就对学习失去兴趣了，进入中学更是厌学呢？我们与其去研究“如何培养学生学习兴趣”，不如研究研究“学生的学习兴趣是如何丧失的”。

举重若轻，行云流水，是我追求的课堂教学境界。

有的课充满了知识与能力的讲授与训练，便被指责为“语文课的人文精神荡然无存”；有的课充满了思想与情感的激荡与流淌，便被批评为“把语文课上成了思想品德课或主题班会课”。我们当然可以折中一些或者说“圆滑”一些，把语文课上得既有知识、能力，又有思想、感情。偶尔上一堂这样“全面”的课是可以的，但不太可能（至少我不可能）每堂课都如此。

◇2000年4月，在西安古城墙上

评价一个老师的课是否“语文”，恐怕不能只凭一堂课就做结论，否则所做的结论往往为盲人摸象般的自以为是（我有时正是这样的盲人）。如果所上的课文刚好是重点进行知识传授和能力训练，这样的课无疑是语文课；如果所上的课文刚好是侧重于视野的拓展、思想的启迪、感情的熏陶，这样的课也很“语文”。

我们要着眼于整个三年当中给学生一生有用的语文素养：知识、能力、思想、情感、习惯、信念、价值观等，而不是某一堂课的面面俱到。只要是从文本出发，从语言出发，无论训练还是熏陶，都是语文课。

理想的语文教学，是老师宁肯引导学生自己悟出五分，也不要给学生灌输十分。

孩子的“撒谎作文”源头不在教育而在社会，不在孩子而在大人。如果说假话的社会风气继续存在一天，并不断被鼓励，那么孩子的“撒谎作文”就将源源不断。

语文教育不只是“字词句段语修逻文”的训练，而是与人的精神、情怀、人格密不可分的。但是，所谓“人文教育”必须落实于对每一篇课文乃至每一个字的咀嚼，包括必要的训练。离开了对语言文字的品味与运用，语文课就成了“思想品德课”或“主题班会课”。

有时候专门的学习与训练是必要的，但有效的语文教育是一种潜移默化的感染，是一种自然习惯的养成；而语文学习则是一种生活习惯，或者说是一种生活方式的自然呈现。让学生的语文学习与日常生活水乳交融，应该是语文教师的追求。

语文课的魅力，就是教师本人的魅力。而教师本人的魅力更多的是人格与学识魅力。因此，语文教师应该具备学者视野、诗人激情。

备课时，教师对教材的钻研与挖掘越深越好；但是在课堂上，则应将课文深刻的思想内容和学生的生活打通，让他们轻松地感悟课文内容。任何脱离学生实际而让学生不知所云的“精彩讲解”“深刻分析”，都不过是教师的自言自语而已。

要钻研教材

不要把课堂填得太满，留一些空间给学生，留一些空白给自己。教学的流程随课堂现场的情况而自然推进，教师“教”的思路和学生“学”的思路融为一体，教师和学生便不知不觉地走进对方的心灵，同时也走进课文的深处。

哪有那么多“理念”“模式”啊！语文教育其实是很朴素的，因为语文本身就不需要任何花哨的标签。课堂上，领着学生读一读、议一议、问一问、说一说、练一练……其间或妙趣横生、开怀大笑，或热泪盈眶。心灵激荡，就是很好的语文课了！

让语文课堂对孩子有吸引力，这对语文老师的素质提出了挑战。我认为，一堂好的语文课是语文教师综合素质的体现——有学问，有思想，有情趣，有才气，有胸襟。

语文教师要有思想。这里的“思想”既是动词也是名词，指能够独立思考，并形成自己独到的见解。通俗地说，语文教学就是教会学生通过语言文字准确地把握并领悟文中的思想情感，进而能够熟练地运用语言文字表达自己的思想情感。这就要求教师要有自己的思想情感，而不是只会复述教参，人云亦云。学生思考的火焰只有用教师思考的火种去点燃。

语文教师应该是一个特别有情趣的人——热爱生活，爱好广泛，激情澎湃，诙谐幽默，妙趣横生，潇洒浪漫……在他的课堂上，或开怀大笑，或热泪盈眶，或古典雅致，或新潮时尚，总之让学生既受益又好玩，不仅喜欢语文而且也喜欢甚至迷上语文课。

语文老师应该写一手好文章。我们当然不一定是诗人，但我们应该具备诗人的气质；我们也不一定是作家，但我们应该拥有作家的情怀。这里的“气质”和“情怀”都应该体现在自己得心应手的文字中。没有语文能力或者语文能力不强的教师，是很难培养起学生真正的语文能力的。在这里，“培养”首先意味着教师本人语文能力的示范。从某种意义上说，我们不是给学生讲语文，也不是带着学生学语文，而是用自己的语文气质去感染学生。

语文教师还应该有一副好口才。课堂上，或丝丝入扣，或诙谐幽默，或慷慨激昂，或娓娓道来，或令人开怀，或催人泪下……总之，语言一定要有感染力。语文教师还应该是讲故事的高手，无论多么深刻的道理，他都能通过生动形象的故事深入浅出地表达出来。他还能够根据需要，恰当地将自己的生活经历化作教学资源甚至课程资源，以故事的方式注入孩子的精神世界。多年以后，学生也许忘记了一篇完整的课文，但课堂上老师的几句特别的话语或一段有趣的故事，会一直印在记忆中。

备课时，应该研究学生“学”的逻辑，而不是教师“教”的逻辑。千万不要把学生当成自己表演的道具。我现在每教一篇课文，会先让学生读，问他们：“你们第一印象是怎样的？有什么疑惑？有什么独到的地方？”我就是希望学生在老师讲之前，能有一个“干净的阅读”，一个不受“干扰”的阅读。要充分尊重他们对课文的“第一印象”。在这个基础之上，老师和学生进行讨论，再引导他们把思维的触角伸向课文的深处。

多读、多背、多写、

是语文学习的三把钥匙

老老实实地上语文课，不要老想着“颠覆”什么、“构建”什么、或者“率先提出”什么。语文课就是语文课，其根本任务是培养学生运用祖国语言文字的能力。语言当然是精神的载体，任何课文都和文化有关，也和生命有关，但语文课不是“文化讲座”，不是“生命教育”，一切自以为“独到”“深刻”的“挖掘”与“一针见血”“鞭辟入里”，都不过是教师的自说自话。

十二 育人艺术

我们要怀着儿童般的情感去理解儿童的心灵世界，否则，用成人的冷漠去对待孩子的真诚，一切“语重心长”的教育都将无济于事。

青春期教育是心灵对心灵的启迪，精神对精神的感化，而离开了和谐的师生关系，“启迪”与“感化”便只是教育者的一厢情愿。相反，如果教师对学生具有了真诚的信任与尊重，学生就会感到一种人格的尊严，他们中自卑、自私、孤独、胆怯、抑郁等心理问题发生的几率就会大大降低；同时，如果学生对教师产生了朋友般的信赖，他们就会主动地向教师敞开心扉，诉说自己的喜怒哀乐，这就有利于教师随时了解学生的心理，及时帮助他们解除心理烦恼。班主任对学生的心育要从与学生建立的和谐关系入手。

◇2017年4月，在重庆讲学

教育是心灵的艺术。如果我们承认教育的对象是活生生的人，那么教育过程便绝不仅仅是一种技巧的施展，而应该充满人情味；教育的每一个环节都应该充满着对人的理解、尊重和感染，应该体现出民主与平等的现代意识。虽然就学科知识、专业能力、认识水平来说，教师远在学生之上，但就人格而言，师生之间是天然平等的；教师和学生不但在人格和情感上是平等的朋友，而且在求知道路上也是共同探索前进的平等的志同道合者。

教育是为学生成长服务的

善于倾听，是一种教育智慧，更是一种教育艺术。从某种意义上讲，让学生倾诉而教师耐心聆听（包括听学生对自己的抱怨），这本身就是有效的心灵引导。“此时无声胜有声”，一切尽在不言中。

没有对孩子的谈心就没有教育。毫不夸张地说，离开了教师和一个个学生单独的谈心，教育便不再是一项富有魅力的“人”的事业，而只是一种熟练而机械的驯兽；学校也不再是师生生命和谐互动的精神家园，而成了“养鸡场”！

心灵的自由

教育需要活动，需要感染，需要学生的参与，需要生活的体验，需要庄严的仪式……但这一切都必须真正走进学生的心灵，应该是学生真正达到某种认识后的自觉的行为，只有这样，我们的教育才真正收到了实效。否则，为了让学生树立某种崇高的思想，而动员组织他们说出老师规定的话，这和过去灌输式教育没有什么两样——同样是对心灵的粗暴侵犯。

◇1994年12月，指挥学生大合唱

是的，我也认为教育不应违背儿童的天性。当然，“不应违背”并非一味迁就，而是把童趣引导到正当的途径和允许的范围内发挥，这将会使学生和教师的心贴得更紧。如果教师本人也保持或培养一点“儿童的天性”，就可以使师生之间的心灵融为一体。

如果我们在无微不至地关心学生的同时，又不知不觉地伤害学生的自尊感，那么，这就好比是我们一方面热心播撒师生感情的种子，一方面又在粗暴摧残师生感情的嫩芽。

我越来越信服这种观点：教师想尽量直截了当地帮助学生改正缺点，把他的缺点公之于众，以使其他学生从中汲取教训，不犯类似的错误，这种方法是最不成功的，因为这无异于开“批判会”，把孩子心灵中最敏感的地方——自尊心、个人尊严、自豪感统统暴露于外，并使之受到伤害，这种教育所造成的损失是难以估量的。

◇ 1997年8月，和学生一起在黄果树瀑布

教会学生发现自己、认识自己的优势，并保持、发展这种优势，不断自觉地战胜自己的弱点，这是思想教育的艺术所在。真正掌握这门艺术，需要一生的探索和奋斗。

读懂孩子

要读懂孩子。与一般的阅读不同，“读懂”孩子的故事，并不意味着教师仅仅是一个旁观者。教育是我们和孩子生命和生命的相遇，因此我们自然而然地进入了孩子的故事，和孩子一起创作，推动情节的发展，并期待着一个完美的结局。生命的交融、心灵的相通，让教师和孩子一起在生活的河流中奔涌、漂流、探险……

当学生把我们当作知心朋友来接纳时，我们已经在学生心中建立起了人格的丰碑，而我们的教育之舟也就开始驶入成功的港湾。

20世纪80年代，一位女中学生来信中的几句话至今还震荡着我的心灵："老师讲的，不是我们想的；我们想的，恰恰没人回答！"我常常问自己：哪些我讲的不是学生想的，而是脱离学生心灵的"正确的废话"？哪些孩子们关注的，或需要我解答的，我却恰恰没有回答？

◇2009年2月，和孩子们在校园

很多时候，老师因自己传授的思想遭到学生的反感而十分伤心，学生因自己关心的问题得不到老师的解答而万分苦闷。教育者和被教育者双方都感到离不开对方，然而都失去了对方！这正是德育的危机之一，也是德育的转机所在——作为处于主导地位的教育者来说，回答学生所关心的问题，找回失去的对方，正是改革德育的一个突破口。

和学生打成一片

任何一位优秀的班主任都是一位出色的“心理学家”。真正有效的教育应该是针对学生个性的教育，这必然要求教师具备发现、发挥、发展学生独特个性的技巧与艺术。因此，教育者必须拥有良好的心理学修养，善于走进中学生的心灵之中，敏锐地感受学生的心理变化，与他们心心相印、息息相通。唯有这样，我们才能真正以心灵赢得学生的心灵。

中学生产生“朦胧情”，就绝大多数人来说，还是出于一种既幼稚又纯洁、既荒唐又美好、既感到羞涩又感到兴奋、既觉得不切实际又觉得庄严崇高的矛盾复杂心理。教师如果对此予以充分的理解和尊重，学生是会乐意接受引导的，甚至会充满信任地向教师吐露心声。相反，教师如果把学生想得很坏，那么，学生会警惕地与教师拉开心理距离。这样，教师的任何“苦口婆心”都是徒劳的。

做孩子最信任的老师

我们个人也许无法减少目前"应试教育"对学生心灵的戕害，但我们起码可以做到决不"助纣为虐"！当我们不把分数和名次作为对付学生的"杀手锏"时，我们的教育就开始向着人性、人情和人道回归了。

即使少数学生的考试分数的确因名次与座次的"刺激"而有所提高，但代价却是心灵的伤害、尊严的剥夺。教育民主应该是社会主义教育的天然内涵，平等地享受教育，是每一位学生不可剥夺的权利，尊重学生，教育公平，更是最基本的师德。而把学生的名次与其座次挂钩的做法，与其说是对学生上进心的激励，不如说是直接对学生自尊心的羞辱！

培养学生的自育能力，就要引导学生乐于并善于自己控制自己，自己战胜自己。要让学生懂得，自己所做的一切，首先是面对自己的心灵，自己就是自己行为的审判官。对自己的约束力量，不仅仅来自纪律，更主要的是自己的意志、义务和良心；如果做错了一件事情，首先想到的是对不起自己，要让学生养成“吾日三省吾身”，随时自己批评自己、自己鼓励自己的习惯。

我们经常用“善待”“呵护”“陪伴”“引领”“关怀”等词来表述教师对孩子成长的态度。其实，这里的成长不但是师生共同的，而且是互相促进的。也就是说，“善待”“呵护”“陪伴”“引领”“关怀”这些词同样可以用来描述孩子对老师成长的作用。只不过教师对学生的成长促进是主动的、有意识的，而学生对老师的成长促进是被动的、无意识的。但成长本身是共同的，而且是同时发生的。

◇1998年，和学生在公园嬉戏

没有人会否定教育有着鲜明的目的性，也就是教育要给人以积极的引导、转变和影响，这是我们教育的使命。否定了这一点，就否定了教育本身。但是，教育目标没必要天天挂在嘴上，或者唯恐学生不知道而不停地宣传。无数优秀教师的成功经验已经证明，教育的意图隐蔽得越好，教育效果就越佳。不动声色，不知不觉，了无痕迹，天衣无缝，自然润物，潜移默化……这些都是教育的艺术，也是教育的境界。

我们所提倡的“自然的教育”，通俗地说，就是培养孩子一种良好的生活习惯。爱的教育，就是培养学生懂得爱、表达爱并传递爱的生活习惯；学习教育，就是培养学生酷爱知识、勤奋读书、乐于探索的生活习惯；劳动教育，就是培养学生在班级、家庭乃至以后在社会勤劳的生活习惯；吃苦教育，就是培养学生在平凡的日子不畏艰难、以苦为乐的生活习惯；等等。这样的教育，是一种自然而然的生活，也是师生共同的生活——要求学生做到的，教师当然也要做到，或者说，教师以自己自然而然的品行感染着学生。这也是“自然的教育”的最高境界。

自然而然的教育，培养的是孩子自然而然的善心与善行。

如果教育只是行为的规范，只是对顽劣孩子的制服——用现在比较流行的说法就是“搞定”或“摆平”，实在是把教育理解得太肤浅了。教育当然要对孩子进行行为的规范，这是文明社会所必需的规范，但教育除了面对孩子外在的行为，还要面对孩子的心灵，还必须给孩子更重要的东西。这“东西”是什么呢？我理解就是作为一个人，或者准确一点说，作为一个现代公民所需要的一切现代素质：全面的知识、丰富的文化、强健的体魄、文明的行为、自由的思想、独立的人格、丰富的情感、高贵的尊严、柔软的爱心、坚强的意志、正义的情怀、民主的胸襟……这一切远不是靠“秒杀”“秘籍”“兵法”之类所能达到的。

搞教育的人，一定要对这个世界充满热爱，他的生活一定要色彩缤纷。没有爱，少有情趣，缺乏浪漫，其教育就不会充满诗意。而没有诗意的教育，很难说是真正的教育。

◇1998年春天，在交友路上

我们的社会要倡导每一个人首先爱自己的家人、亲人。苏霍姆林斯基早就说过："爱祖国要从爱妈妈开始。"有人问特蕾莎修女："我要行善，应该怎么去做？"特蕾莎说："回家去，爱你的家人。"对学生进行爱的教育，也应该如此。与其在一些纪念日才把孩子组织起来去敬老院给老人们洗脚，不如让孩子们每天在家都帮自己的爸爸妈妈做家务事。

◇2014年，参加"中国教育三十人论坛"

我们培养学生，当然是培养好人，这个“好人”的含义就是善良，而“善良”的标准，在我看来其实很朴素——第一是爱自己和家人，第二是不害人，第三是力所能及地帮助需要帮助的人。做到这些，就叫“有道德”。

你连孩子都教不好，无论你课余时间和孩子怎么打成一片，怎么和学生称兄道弟，统统没用！上课一塌糊涂，成绩惨不忍睹，面对学习困难的学生时一筹莫展，遇到突发事件时束手无策——你有什么资格说你“爱孩子”?

“刚柔相济”是教育的智慧。但对未成年的孩子来说，“刚”是相对的，“柔”是绝对的；“法”是相对的，“情”是绝对的；严厉是相对的，宽容是绝对的；“急风暴雨”是相对的，“和风细雨”是绝对的。

在教师的内心深处，教育目的应该明确；但体现于外在的行为，教师的教育痕迹则应该尽可能淡化，所谓“春风化雨”“润物无声”。没有具体教育指向的“非功利谈心”，就是隐蔽了目的、淡化了痕迹的教育。

对学生的教育，有时候当然可以通过震撼人心的活动来实现，但更多的时候，恰恰是通过日常生活中的聊天来实现。因为我们和学生存在着一种特定的教育关系，于是，无论我们是否意识到，这些随意性的聊天都包含着丰富的教育因素。对学生和教师来说，都是一种生活的体验。

我同意“好的关系就是好的教育”这个理念。师生之间、亲子之间重要的是“关系”——这是一种特定的关系，是教育性的，但又不是处处暴露“教育性”。师生（如果就家庭教育而言，则是父母和孩子）在日常生活交往的每一个细节都蕴含着深刻的教育性但又不知不觉。这种教育潜藏在关系之中，同时这种关系本身就是一种教育，而更重要的——这种教育就是生活本身！

我特别提倡“非功利谈心”，即“不为什么”的聊天。非功利性的谈心更能让我们自然而然地走进学生的心灵，并产生积极的影响。这样的谈心，几乎什么都可以涉及：阅读热点、人文话题、科技视野、体育新闻、社会现象、旅游趣闻等，漫无边际，海阔天空，纵横天下，驰骋古今。这种“不为什么”的聊天最容易展示出教育者的善良、真诚、热情、平等、民主、幽默、博学等人格魅力，进而影响学生的心灵。

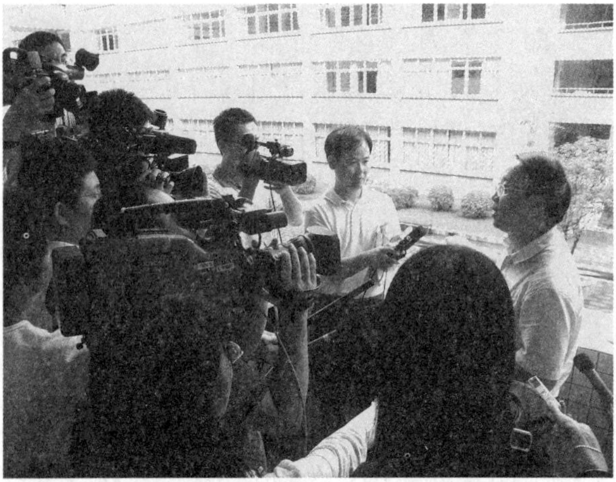

◇2007年8月，接受媒体采访

◇2011年，被评为“成都市荣誉市民”

对不同学生的差别化对待，对某些特殊学生，尤其是那些容易被教育者忽略的学生倾斜教育之爱，恰恰体现了真正的教育公正。

在孩子心里播撒善良、正直和机智的种子

“千教万教教人求真，千学万学学做真人。”要营造一种氛围，树立一种正气，让学生感到：真实的错误胜过虚假的完美，前者是成长中的“青春痘”，后者是人生路上的“毒瘤”。

鼓励不能变成哄骗。比起一味用“你真棒”掩饰学生明显的错误，真诚而直率地指正，更有利于孩子成长。

对学生的热爱、理解、尊重，是使教育成功的必不可少的条件，但还不是教育的最终目的。对有事业心的教育者来说，真诚地与学生交朋友，无疑能使他的教育充满更多的人情、人性和人道；但如果仅止于与学生交朋友，则无异于放弃了自己的神圣使命。因此，对学生的爱，最终还要体现在为学生未来的人生负责，为民族的未来负责。因此，作为一名真正的教育者，应该具备童心、爱心和责任心：童心使他能走进儿童的心灵，爱心使他能“把整个心灵献给孩子”，而责任心则能使他站在人生和时代的高度，着眼于儿童的未来与社会的未来培养出“追求真理做真人”的栋梁。

毫无疑问，教育需要爱，也需要严；或者说，教育的爱有时候正体现于严，教育的严也是爱的表达之一。

在从教三十多年的岁月里，我从来没有想过，要用上个班的“丰富经验”和“现成方法”去带新班。我没有复制过自己教过的任何一个班，而是让每个班都是“唯一”的。因为教育是千变万化的，“十八般武艺”都得用上；孩子是独一无二的，只能是“一把钥匙开一把锁”。如果一定要说规律的话，这也许就是教育的“规律”。

每一个特殊孩子都是研究对象，每一次突发事件都是教育契机，每一道教育难题都是科研课题。

教育没有“万能钥匙”。任何一个孩子都是独一无二的世界，任何班级都是一个与众不同、充满个性的集体，任何学校也都有属于自己的地域文化、社区环境、办学传统和生源特点，因而成为一个具有鲜明独特性的“精神共同体”。所以，无论一个人，还是一个班，或是一个学校，都不可能用什么“放之四海而皆准”的技巧、方法、模式去“搞定”。教育当然有着普遍的原则，但所有的“绝招”都具有“针对性”“现场性”“临时性”，甚至是“一次性”。

请把教育当教育

教育的智慧或者说艺术，其实就体现在度的把握上。我们经常说，对学生要宽严结合，既要热情鼓励又要严格要求学生，这只是在理论上；事实上，这个度不是各占百分之五十，而是针对具体情况，可能侧重于热情鼓励，也可能侧重于严格要求。

有时候，一个人对一个人的影响可能既不是什么宏论，也不是什么训导，而仅仅是一个鼓励的眼神，一句发人深省的话语，抑或一篇震撼人心的文章……

近年来，我们谈“教育的个性”谈得够多的了，可是一到具体的做法，我们却忘记了“教育的个性”，而企图将别人的做法“拿来就用”。想想，每个地区的文化环境不一样，每个学校的校情不一样，每个班的特点不一样，每个孩子的个性不一样，每个老师的性格特征、知识结构、兴趣爱好、行为习惯等都不一样，怎么可能在具体的教育行为和教学方式的“操作”上都一样呢？

人的永恒决定了教育的永恒，教育的永恒决定了教育艺术的永恒。这里的“永恒”也意味着育人艺术的不断创新与发展。

教育当然要重视孩子的生命安全，但也不要低估孩子的自我保护能力。以“安全”的名义剥夺真正的教育，就是剥夺孩子的童年。

要理解并尊重学生青春期的“朦胧情感”。要知道，生命到了一定的季节，就会发芽，就会开花。明白了这一点，就会多一分理解。无论如何，不要把“朦胧情感”与“道德败坏”画等号。

教育，只有从学科转向了心灵，才是真正的教育。

要把爱情教育视为人格教育不可分割的组成部分。即使我们的学生在整个中学时代都不会出现“早恋”，我们也应该对学生进行爱情教育。因为我们的学生是未来的妻子或丈夫，是未来的母亲或父亲，我们的教育要给他们一生健康的精神世界，进而给他们一生的幸福。

◇2012年4月12日，在北京“从教三十周年”研讨会上

优秀的班主任应该是“专家”“思想家”和“心理学家”——这里，我之所以将这三个称谓都加上引号，是想表明并强调，也许我们的班主任一辈子都成不了真正意义上的专家、思想家和心理学家，但这不妨碍我们给自己的事业制订一个终生努力的奋斗目标：专家，能够使我们在学科教学或其他专业技能上（而不仅仅是单纯的道德上）征服学生的心，并给他们以积极的影响；思想家，能够让我们随时反思自己的工作，并以鲜活的思想点燃学生思考的火炬；心理学家，能够使我们不知不觉地走进学生的心灵，同时让学生不知不觉地向我们打开心灵的大门。

既然是孩子，他们的观点就不可能都是正确的，他们的想法也不可能都是成熟的，这需要老师的引导，否则便是老师的失职。但是这里的“引导”，不应该是不着边际的空洞说教，更不应该是居高临下的训斥，而应该是切实可行的建议。如果我们承认教育的对象是活生生的人，那么教育过程便绝不仅仅是一种技巧的施展，而应该充满人情味和对人的关切。只有这样，孩子才会把我们当作朋友，进而更加信任我们。

用孩子的心去理解孩子

在和学生的交往过程中，真诚有时候比感情更重要。感情和真诚当然是有联系的，有时候甚至是一个东西，但二者还是有区别的。感情需要时间的积累，而真诚只需要把心掏给学生；感情更多的时候通过温馨的话来表达，而真诚需要坦率，包括很尖锐但很真实的语言。

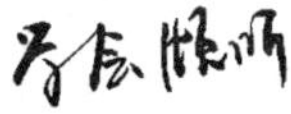

◇2016年，任新教育研究院院长主持新教育年会

任何一个人的灵魂都是自由而独立的，只要在行为上不妨碍他人的生活，都应该得到尊重，而不是人为地去“塑造”别人的“灵魂”。重要的是沟通，沟通本身就是目的。彼此做一个倾诉者，同时又是一个倾听者。师生双方都不要想着把自己的观点强加给对方，同时又不知不觉地走进对方的心灵，并且不知不觉地受着对方的影响。教育的成功，也许正在这“不知不觉”之中。对一个教师来说，这更是一种幸福。

对学生的教育，有时候当然可以通过震撼人心的活动来实现，但更多的时候，恰恰是通过日常生活中的聊天来实现的。因为我们和学生存在着一种特定的教育关系，于是，无论我们是否意识到，这些随意性的聊天都包含着丰富的教育因素。对学生和教师来说，都是一种生活的体验。

我同意“好的关系就是好的教育”这个理念。师生之间、亲子之间重要的是“关系”——这是一种特定的关系，是教育性的，但又不是处处暴露“教育性”。师生（如果就家庭教育而言，则是父母和孩子）在日常生活交往的每一个细节都蕴含着深刻的教育性但又是不知不觉的。这种教育潜藏在关系之中，同时这种关系本身就是一种教育，而更重要的——这种教育就是生活本身！